Santiago, apóstol

Javier Manso

Santiago, apóstol

El hijo del trueno

SAN PABLO

Javier Manso es licenciado en Filología Hispánica y especialista en Literatura española, se ha dedicado durante toda su vida profesional al mundo del libro en sus vertientes más diversas. Como escritor, ha prestado especial atención al Siglo de Oro español y a sus autores más relevantes, y ha publicado algunos libros biográficos sobre reconocidos personajes de la cultura española y la cristiana, además de algunas otras biografías para niños. En SAN PABLO han visto la luz la hagiografía de san Benito *(San Benito, el hombre que vivió consigo mismo*, 2019) y una exitosa semblanza de Carlo Acutis *(Levantar la mirada*, 2023), de la que hasta ahora se han publicado cinco ediciones. Además, es el autor de dos recientes novelas y de algunas adaptaciones de clásicos españoles para jóvenes lectores.

© SAN PABLO 2025
   Protasio Gómez, 11-15. 28027 Madrid
   Tel. 917 425 113
   secretaria.edit@sanpablo.es - www.sanpablo.es
© Javier Manso Osuna, 2025

Imagen de cubierta: © Alamy Stock Photo

Distribución: SAN PABLO. División Comercial
Resina, 1. 28021 Madrid
Tel. 917 987 375
ventas@sanpablo.es
ISBN: 978-84-285-7368-9
Depósito legal: M. 11.219-2025
Impreso en Artes Gráficas Gar.Vi. 28970 Humanes (Madrid)
Printed in Spain. Impreso en España

Oración en el inicio del camino

Esta oración fue incluida en la *Guía espiritual de la Peregrinación a Santiago*, publicada por el arzobispado de Santiago con motivo del Año Santo Compostelano de 2021.

Y dice así:

Al comenzar el Camino hacia tu sepulcro me dirijo a ti, apóstol Santiago, amigo del Señor Jesús, para pedirte tu ayuda y protección. Tú escuchaste la llamada de Jesús, le seguiste fielmente e hiciste de sus enseñanzas el camino de tu vida. Tú, siguiendo el mandato de Jesús, llegaste hasta las tierras de Compostela para dar testimonio de la Buena Nueva del Evangelio. Tú fuiste el primero en dar la vida por anunciar a todos que el Señor murió por nosotros y resucitó, abriéndonos así el camino hacia la verdadera felicidad.

Ayúdame en el Camino que voy a iniciar hasta tu sepulcro. Protégeme de todo peligro y haz que llegue a postrarme ante tu tumba, para hacer con sinceridad la profesión de fe y unirme contigo en un cariñoso abrazo. Ayúdame, patrono querido, a que el fin del Camino sea para mí el comienzo de una nueva vida. Amén.

I

Santiago fue uno de los doce discípulos de Jesús, quienes más tarde fueron llamados «apóstoles» en el Nuevo Testamento, uno de los hombres buenos que lo acompañaron durante gran parte de su vida y hasta su crucifixión en el Calvario y su posterior resurrección. Todos los apóstoles poseen una relación directa con la fe cristiana, pues en ellos y por ellos Jesús fundó su Iglesia, pero Santiago la tiene de forma especial, ya que fue uno de sus predilectos desde el primer momento en que fue llamado a su lado.

Su madre se llamaba Salomé y su padre Zebedeo, cuyo nombre significa «don de Dios». Ambos eran personas de buen corazón, naturales de Betsaida, una hermosa población asomada al afamado lago Tiberíades (o Generaset), en el límite entre dos regiones del norte de Palestina: Galilea y Traconítide. Este enorme mar interior de agua dulce está regado por el río Jordán y de él parten algunos arroyos que desembocan en el mar Muerto. En aquellos tiempos era una zona de grandes riquezas naturales, tanto por la fructífera pesca que se ejercía en sus aguas como por lo fértiles en vegetación que resultaban ser las tierras a su alrededor. Muchos analistas creen que Salomé era hermana de María, la madre de Jesús, por lo que Santiago estaría, en ese caso, emparentado de forma directa con la Sagrada Familia.

Zebedeo era un hombre muy respetado que gozaba de una posición social bastante privilegiada. Poseía un alma muy caritativa, que le empujaba a ayudar en todo lo posible a las personas más necesitadas de su entorno. Salomé, quien también podía presumir de un carácter similar, formó parte del grupo de piadosas mujeres que se organizaron para seguir los pasos de Jesús y pusieron sus bienes y su esfuerzo diario a su total servicio. Marcos habla de ella en su Evangelio, cuando describe la escena del Calvario:

Había también mujeres que estaban mirando desde lejos, y entre ellas estaban María Magdalena y María, la madre de Jacobo el Menor y de Joseto, y Salomé, quienes, cuando estaba en Galilea, lo seguían y servían, y muchas otras que habían subido con él a Jerusalén[1].

En el trágico momento en que se desarrolla esta escena bíblica, Juan, el hermano menor de Santiago y, por lo tanto, hijo también de Salomé, fue el único de los apóstoles que permaneció al pie de la cruz, trasladando así algo de consuelo al alma azorada de su madre en instantes tan penosos. En este pasaje, y en todos los demás de la Biblia, a Santiago se le llama Jacobo, nombre que proviene del célebre patriarca hebreo Jakob y posteriormente del griego *Iákobos*, que se convirtió en español en el apelativo Jacobo y, más tarde, en Santiago, que deriva, a su vez, de *Sancti Iacobi* (san Jacobo) > sant Yago > Santiago.

Toda la familia ejercía un oficio tan modesto como era el de pescadores en el mar de Galilea, aunque gozaban de cierta comodidad social, pues el patriarca disponía incluso de una cuadrilla de jornaleros que trabajaban para él. La casa familiar era bastante amplia y lujosa, y dicen que hasta contaba con un molino propio en el que elaboraban pan para

---

[1] Mc 15,40-41.

ellos y para las buenas gentes de la zona. Durante las cenas, Jacobo había escuchado a sus padres decir en numerosas ocasiones que por aquellos días se esperaba el advenimiento del Mesías, quien llegaría con el propósito de liberar al pueblo de Israel, ya que por entonces se habían cumplido la totalidad de los signos que esperaban los profetas. Su llegada era deseada por todos, no solo por las gracias con que pensaban que iba a acompañar su presencia, sino también para que pudiera liberarlos de la esclavitud a la que estaban sometidos por los romanos y los excesivos tributos que les obligaban a pagar de forma continua.

La Biblia se refiere en numerosas ocasiones a nuestro Santiago como «hijo de Zebedeo» para diferenciarlo del otro Jacobo, que también fue discípulo de Jesús, pero cuyo padre se llamaba Alfeo. Los evangelistas diferenciaron al primero como Santiago el Mayor (el hijo de Zebedeo) y al segundo como Santiago el Menor (el de Alfeo). El apelativo es algo natural, ya que este último era más joven que nuestro protagonista y se incorporó más tarde al grupo de los discípulos elegidos por el Señor. No obstante, muchos estudiosos de la figura de Santiago opinan que el sobrenombre de Mayor no se debe tan solo a una manera de ser diferenciado del otro discípulo del mismo nombre, sino que es algo definitorio de su carácter y explica sus elevados pensamientos y ambiciones, lo arriesgado de las empresas que acometió y los largos viajes que inició.

Mateo da cuenta en su Evangelio de quiénes fueron cada uno de los doce apóstoles, incluyendo a la pareja de hermanos Jacobo/Juan y al otro Jacobo:

> Llamó a sus doce discípulos y les otorgó poder para expulsar a los espíritus impuros y para curar las enfermedades y las dolencias.
>
> Estos son los nombres de los doce apóstoles: en primer lugar, Simón, llamado Pedro; su hermano Andrés; Jacobo, hijo de Zebedeo, y su hermano Juan; Felipe y Bartolomé; Tomás y Mateo el recaudador; Jacobo, hijo de Alfeo, y Tadeo; Simón el Cananeo y Judas el Iscariote, el que le traicionó[2].

También nos habla Lucas de doce elegidos en su Evangelio:

> Y cuando se hizo de día, llamó a sus discípulos y eligió de entre ellos a doce, a los que deno-

---

[2] Mt 10,1-4.

minó apóstoles: Simón, al que también dio nombre de Pedro, Andrés, su hermano, Jacobo y Juan, Felipe y Bartolomé, Mateo y Tomás, Jacobo el de Alfeo, Simón el llamado zelota, Judas el de Jacobo y Judas el Iscariote, el que se convirtió en traidor[3].

Sabemos que el número doce simboliza el número de las tribus de Israel y su elección anuncia, por lo tanto, la congregación o restauración del Israel definitivo. Pablo también hace mención explícita de este número, aunque es cierto que lo hace solo una vez. Por otra parte, Mateo no vuelve a mencionar el nombre de siete de ellos en todo su Evangelio, por lo que solo sabemos de su existencia por estos versículos. Eran todos ellos hombres de gran corazón y muy dispuestos de ánimo, dotados con un alma especial y superior a la media, capaces de llevar a cabo grandes hazañas en el nombre de Jesús.

Juan y Santiago respondían a este arquetipo. Jamás el Señor los habría llamado consigo si su carácter hubiera sido apocado o si hubieran dudado entre seguirle o continuar con su vida cómoda y asegurada con los frutos de su floreciente negocio pesquero. Muy al con-

---

[3] Lc 6,13-16.

trario, ambos se sintieron invocados por las estrellas del cielo y por el fuego ardiente de la fe verdadera y se lanzaron detrás del Salvador sin pensarlo un solo instante.

Los versículos de Lucas, que nomina a Jacobo como el tercer apóstol más importante, son muy interesantes porque demuestran que Jesús otorgó el nombre de «apóstoles» a estos discípulos elegidos, denominación que está más que consolidada en la iglesia primitiva. El nombre significa «enviados», pues viene del griego *apóstolos*, que a su vez deriva de *apostéllo* (enviar). Es decir, que Jesús los proclama como sus mensajeros, con la misión fundamental de proclamar por el mundo la llegada del nuevo Reino.

En los Hechos de apóstoles se vuelve a mencionar al menos a diez de los discípulos en la primitiva comunidad de Jerusalén, y Jacobo es de nuevo el tercero de ellos en ser nombrado:

Entonces se volvieron a Jerusalén desde el monte llamado de los Olivos, que está cerca de Jerusalén, el camino permitido en sábado. Y cuando entraron, subieron al piso alto en el que estaban alojados Pedro, Juan, Jacobo y Andrés, Felipe y Tomás, Bartolomé y Jacobo el de Alfeo, Simón el zelota y Judas el de Jacobo. Todos estos perseveraban unánimes en la oración con las mujeres y con María, la madre de Jesús, y los hermanos de este[4].

No tenemos datos para identificar con total seguridad el edificio al que se refiere este pasaje, en cuyo «piso alto» estaban alojados los apóstoles, aunque algunos estudiosos creen que se puede tratar del lugar donde se celebró la Última Cena, o quizás la casa de María, la madre de Juan, de sobrenombre Marcos, que se menciona más adelante en los Hechos de los apóstoles y que fue el lugar en que se refugió Pedro cuando logró escapar de la prisión en la que lo custodiaron los romanos tras la muerte de Jesús, casa «donde había muchos reunidos y orando» (He 12,12). En definitiva, lo que nos interesa destacar en este pasaje es que Santiago vuelve a ser incluido, junto con Pedro y Juan, en el grupo de los tres discípulos más relevantes dentro del escogido grupo de seguidores directos de Jesús.

La familia de Santiago tenía una estrecha relación con la de Andrés, otro de los discípulos predilectos del Maestro, precursor de Santiago en el Colegio apostólico y hermano

---

[4] He 1,12-14.

de Simón-Pedro. Los cuatro pescaban juntos y poseían en común el negocio dedicado a esta ocupación, por lo que compartían la flotilla de barcas de vela en las que salían a faenar, así como las redes y las artes de pesca. Todo el grupo trabajaba cada día acompañado de algunos hombres contratados por Zebedeo. También contaban con una modesta construcción, realizada con adobe y piedra, en cuyo interior preparaban los salazones y ahumados que luego llevaban a vender a Jerusalén, donde se los solían comprar para alimentar a los mercaderes que hacían largas rutas con sus caravanas de camellos o para navegantes que viajaban hasta otras lejanas ciudades del Imperio romano.

La Biblia narra que el elegido en la primera vocación de los discípulos en el río Jordán fue Juan, el hermano menor de Jacobo, conocido posteriormente como san Juan Evangelista, ya que en aquellos tiempos el primer deber del primogénito era permanecer junto a su padre ayudándole en sus tareas. Esa era la costumbre en todas las familias, como se certifica en la celebérrima parábola del hijo pródigo. Juan tenía mucha devoción por su tocayo, el Bautista, al que conocían como el «profeta del desierto», al que consideraba como un auténtico mensajero de Dios y precursor del Mesías. El profeta malvivía en el desierto con el único objetivo de conferir cada día, a todos los que quisieran acercarse, un bautismo de penitencia en las aguas del río Jordán, que remitiera sus pecados, y después aprovechaba para explicarles que el bautismo allanaba el camino para aquel que ya se acercaba a seguir sus pasos, refiriéndose al Mesías, y a purificar al pueblo de Dios con un bautismo de fuego, un verdadero fuego de redención.

Cuando Juan volvió un día a casa, mostró un enorme entusiasmo al narrar su encuentro con Juan Bautista. Santiago, al escuchar estas palabras, se sintió muy desgraciado por no haber podido estar también allí y haberlo conocido. Él también se sentía llamado a hacer grandes cosas en la vida y no estaba feliz con la idea de permanecer todo el resto de su existencia amarrado a las redes de pesca y trabajando para su padre. En aquel momento se conjuró para acompañar a su hermano en cuanto fuera posible. Unos días después, ambos hermanos fueron al encuentro del Bautista para que Jacobo pudiera también conocerlo. Entonces le escuchó predicar a una gran multitud encaramado en lo alto de una enorme piedra. Anunciaba la pronta llegada del Mesías, de quien decía no ser digno ni tan siquiera de desatarle las correas de sus sandalias. Santiago recibió aquel día su bautismo de agua de manos de Juan Bautista, quien le profetizó que también recibiría algún día su bautismo de fuego. Cuando volvió a casa, ya era otro hombre.

Uno de esos días en los que Juan se acercó a escuchar al Profeta, tuvo la dicha de observar cómo su tocayo bautizaba a un hombre alto, distinguido y vestido tan solo con una larga túnica blanca. Mientras vertía sobre él el agua del Jordán, exclamó las siguientes palabras:

He ahí el Cordero de Dios, el que quita el pecado del mundo. Este es aquel de quien yo dije: «Detrás de mí viene un hombre que se ha puesto delante de mí, porque existía antes que yo». Yo no lo conocía, sino que yo lo vine a bautizar con agua para que él se manifestase a Israel[5].

En efecto, aquel hombre era el mismo Jesús. Juan lo llamó «Cordero», aludiendo al cordero del Apocalipsis según la tradición judía. Sin embargo, esta aparición no llevaba

_____

[5] Jn 1,29-31.

consigo ninguna acción de venganza, como sí ocurría en el Apocalipsis, sino un mensaje de redención, según el cual Jesús se manifiesta como el «cordero pascual». Esta acción y estas palabras del Bautista sirven para fundamentar la posterior aparición gozosa del Mesías.

Solo un año después, Jesús pasó de nuevo por allí a buscar a los hermanos. Santiago fue entonces presentado ante el Señor por Juan, pues le recordaba del día en que recibió las aguas del Jordán de manos del Bautista, del mismo modo que Simón-Pedro fue presentado por su hermano Andrés, según nos cuenta el cuarto Evangelio:

> Andrés, el hermano de Simón Pedro, era uno de los dos que había oído a Juan y lo habían seguido. Este encontró en primer lugar a su propio hermano Simón y le dijo: «Hemos encontrado al Mesías (que significa Ungido)». Lo condujo ante Jesús. Jesús, fijando en él la mirada, le dijo: «Tú eres Simón; serás llamado Cefas (que significa Pedro)»[6].

Pedro solía faenar en una barca junto a su hermano Andrés, mientras que los hijos de

---

[6] Jn 1,40-42.

Zebedeo los seguían de cerca en una segunda embarcación. Mateo recoge en su Evangelio el momento en que el Señor se acercó a «reclutar» a aquellos que iban a ser sus apóstoles principales mientras trabajaban en el mar:

Caminaba por la orilla del mar de Galilea cuando vio a dos hermanos, Simón, llamado Pedro, y Andrés, su hermano, que estaban echando una red al mar, pues eran pescadores. Les dijo: «Seguidme, y haré de vosotros pescadores de hombres». Y al punto dejaron las redes y fueron en pos de él. Siguió adelante y vio a otros dos hermanos, Jacobo, hijo de Zebedeo, y Juan, su hermano, que se hallaban en la barca con su padre repasando sus redes. Y los llamó. Y al punto dejaron la barca y a su padre y lo siguieron[7].

Muchos analistas bíblicos ven en estos versículos un evidente símbolo, pues los cuatro pescadores de peces se convirtieron poco después en apóstoles y, por lo tanto, en «pescadores de hombres». En aquel momento, Jesús pidió a Zebedeo que le entregara no solo a uno, sino a sus dos únicos hijos, en lo mejor de su juventud, de forma simultánea e

[7] Mt 4,18-22.

inmediata, con la finalidad de convertirlos en pescadores de hombres, es decir, para que en el futuro actuaran como él lo estaba haciendo y consiguieran que la mayor cantidad posible de personas se hicieran partidarias de su fe. Jesús confió en ellos desde ese primer día, sabiendo que terminarían actuando a su vez de maestros y que sacarían de las redes del demonio a todos los que se les acercaran, para luego introducirlos en sus propias redes y así salvarlos. Con esta entrega incondicional, Zebedeo demostró una gran fe y una enorme grandeza de miras, pues no dudó en dejar partir a sus dos vástagos sin mostrar dudas ni reticencias, aun a sabiendas de que, si no se hubieran marchado para seguirlo, en ellos terminaría recayendo más pronto que tarde la herencia de su hacienda y la continuidad de su negocio.

Esta fue una de las primeras lecciones que nos dio Santiago. La prontitud con que decidió seguir la llamada de Jesús llevaba consigo de forma inseparable el abandono de su familia y su oficio, y la seguridad que le daban la casa familiar y el negocio con que podría haber seguido viviendo de forma cómoda el resto de sus días. Al contrario, él eligió, sin mostrar ninguna duda, marchar de forma valiente detrás del Señor a través de unos senderos desconocidos y llenos de peligros que podrían llevarle a perder la misma vida. Es un sacrificio supremo, difícil de entender más allá de la fe, sacrificio que eleva a nuestro apóstol hasta llegar a ser el máximo ejemplo de entre todos en relación con la más que generosa adhesión a Cristo, y que corrobora la trascendencia para el cristianismo que tuvo ese encuentro definitivo entre Jesús y los hijos de Zebedeo, encuentro que, por descontado, cambiaría las vidas de estos para siempre.

Jacobo, en aquellos primeros momentos, no fue capaz de preguntar nada a Jesús relativo a lo que significaba aquello que les contaba sobre convertirse en pescadores de hombres. Tan solo se le ocurrió interesarse por dónde vivía aquel hombre que les estaba pidiendo que le acompañaran sin que supieran nada de él. Jesús le contestó que solo tenían que seguirlo para averiguarlo. Pero la Biblia no nos dice nada sobre el lugar en que el Salvador moraba, porque en realidad no tenía una casa propia, sino que vivía al aire libre, pasando las noches al raso o en las casas de sus amigos María, Lázaro y Marta. Ese era el destino que esperaba a los hermanos desde aquel momento, una vida sin pertenencias ni comodidades, marcada por el sacrificio y la pobreza, en la que no iban a encontrar más techo que el cielo ni un acomodo mejor que las piedras y el polvo del camino.

Cuando Salomé supo, por boca de sus hijos, que estos habían decidido dejarlo todo para seguir a Jesús a donde él quisiera guiarles, no dudó, como ya vimos, en unirse al grupo de mujeres que acompañaban al Maestro atendiéndolo con sus bienes y sus cuidados, hasta llegar en poco tiempo a encabezar este grupo. Allí empezó a relacionarse más de cerca con su prima María, quien ya hacía meses que seguía a Jesús y con la que había tenido poco trato hasta entonces. Todas ellas proveían al grupo de seguidores del Mesías de los alimentos y enseres que pudieran ir necesitando, pero luego se apartaban de ellos por las noches para evitar habladurías. En aquellos tiempos se consideraba pecado el acompañamiento de mujeres, y más en este caso en que algunas de ellas estaban incluso casadas, sin que existiera por medio la vigilancia de sus maridos o sus padres. Con el «agravante» de que en este grupo había al menos una mujer de dudosa reputación, la Magdalena.

A pesar del cuidado que esta congregación de mujeres ponía para que Jesús y su grupo de discípulos no pasaran más penalidades de las necesarias, había jornadas en las que el hambre arreciaba. En esos malos momentos no tenían más remedio que aguzar el ingenio para poder alimentarse. Un día de aquellos pasaron junto a un sembrado de trigo que se encontraba cerca del lago Tiberíades y decidieron espigar unos cuantos granos para poder cocer unos panes con los que comer. Unos fariseos que andaban por allí se lo reprocharon con bastante vehemencia, ya que era sábado. Judas fue uno de los Doce que más molesto se sintió con lo ocurrido y empezó a lamentarse de que el Maestro no hiciera todo lo necesario para que su pequeño grupo no pasara hambre, cuando había demostrado que era capaz de hacer milagros con los que alimentaba a verdaderas multitudes. Entonces Jacobo se enfrentó a él y le contestó que ellos no merecían que Jesús hiciera un milagro tan grande, ya que por sí mismos podían remediar su necesidad con solo esforzarse un poco más en su trabajo.

Para dar ejemplo, y tras solicitar permiso al Maestro, a partir de este día empezó a salir a pescar de vez en cuando junto con algunos del grupo de seguidores que conocían el oficio. Con este esfuerzo adicional consiguieron que ninguno volviera a pasar más hambre durante un tiempo. Esta anécdota, en apariencia trivial, nos habla del carácter arrebatado y del espíritu de sacrificio que siempre tuvo Santiago, cualidades que Jesús supo ver en él desde el primer día, y de la lucidez con que interpretaba el mensaje que el Maestro les trasladaba a diario.

II

Jacobo perteneció desde el inicio al selecto grupo de los tres discípulos íntimos que Jesús tuvo como predilectos, junto con Pedro y san Juan Evangelista, su hermano menor, cuyo símbolo es el águila, y que con el tiempo llegó incluso a eclipsar la figura de Santiago. Sabemos de esta predilección por las referencias bíblicas que demuestran cómo el Señor quiso rodearse de la compañía de los tres en varios momentos clave de su vida.

Muchos estudiosos de la Biblia coinciden en afirmar que Pedro fue uno de los tres elegidos porque sobre él pensaba edificar la Iglesia cristiana, sobre todo desde el momento en que fue el único que contestó que Jesús era el «Cristo de Dios», cuando les preguntó a todos sobre quién pensaban que era él. A Juan lo seleccionó por su gran calidad humana, por el cariño y aprecio que demostraba hacia los demás, incluso hacia los que mostraban en su cuerpo las llagas de una enfermedad incurable. Para Santiago estaba dispuesto el mayor de los sacrificios: el de difundir su palabra por los lugares más remotos y ser el primero entre los doce apóstoles que debía recibir la palma del martirio.

Marcos narra en su Evangelio, por ejemplo, que fueron únicamente ellos los que asistieron a la resurrección de la hija de Jairo. Este era un buen hombre que había decidido acercarse hasta Jesús como último recurso para conseguir la curación de su hija gravemente enferma. Mientras aguardaba el turno de rogarle al Salvador que hiciera un milagro con la pequeña, vinieron a anunciarle su fallecimiento. En ese momento se olvidó de Jesús y comenzó a llorar y a lamentarse por lo que ya parecía irremediable. Entonces Jesús se le acercó y le dijo que no temiera, sino que tan solo creyera, y después acompañó al padre hasta su casa, llevando consigo únicamente a Pedro, Juan y Santiago. Cuando llegaron a la vivienda de Jairo, Jesús se aproximó a la madre de la niña y la consoló y después pronunció las palabras que nos hizo llegar Marcos:

No permitió que lo acompañara nadie, salvo Pedro, Jacobo y Juan, el hermano de Jacobo. Fueron a casa del jefe de la sinagoga y vio el alboroto y gente llorando y dando grandes alaridos. Y entonces les dijo: «¿Por qué alborotáis y lloráis? La niña no ha muerto, sino que duerme»[1].

Todos los presentes primero se asombraron, pero luego se mostraron displicentes e incluso se mofaron de Jesús, tomándolo por loco, puesto que era evidente que la chica estaba muerta. Sin embargo, él se limitó a hablarle al cadáver de la muchacha y le pidió que se levantase, cosa que esta hizo enseguida ante el pasmo de todas las personas que allí se encontraban.

Santiago fue también uno de los pocos que acompañó a Jesús en la Transfiguración y en el Huerto de los Olivos. El primero de estos episodios es narrado de este modo en el mismo Evangelio de Marcos:

Seis días después Jesús tomó a Pedro, a Jacobo y a Juan, los condujo en privado, a ellos solos, hasta una montaña elevada y se transfiguró ante ellos; su ropa se tornó resplandeciente,

---

[1] Mc 5,37-39.

blanca en extremo, como ningún batanero sobre la tierra podría blanquearla así[2].

La montaña a la que ascendieron era conocida como el monte Tabor, un lugar sagrado desde los tiempos remotos del profeta Oseas. De hecho, Jesús eligió este paraje como el más propicio para mantener un encuentro con los profetas del Antiguo Testamento. Desde lo más alto de aquella montaña se podía contemplar toda Palestina en su ancestral belleza. Mientras los tres dormían, agotados por la dureza de la ascensión, Jesús se les acercó, los despertó y se mostró solo ante ellos en su gloriosa condición de único Hijo de Dios, apartando por unos instantes su condición humana y brillando con todo su esplendor divino junto a los profetas Elías y Moisés. Jesús compartió solo con sus tres discípulos más queridos esta visión sobre su propia entronización como Hijo de Dios y, por lo tanto, como rey mesiánico. La luz blanca de enorme intensidad que describe Marcos fue percibida por sus predilectos como un testimonio de su indiscutible majestad. Santiago pudo experimentar de forma directa en aquel momento la gloria del Señor

---

[2] Mc 9,2-3.

y observó cómo se traslucía el divino esplendor en Jesús.

Por último, estos tres apóstoles aparecen de nuevo en el episodio bíblico de la agonía de Jesús en el Huerto de los Olivos. Tras la entrada triunfal en Jerusalén el Domingo de Ramos, se aproximaba la que se iba a conocer en los siglos venideros como la Última Cena. Los discípulos estaban todavía entusiasmados por cómo fue recibido el Maestro, aunque algo confusos, pues no terminaban de saber interpretar el significado del fervor con el que la multitud había tendido palmas a su paso a lomos de un borrico. Pensaban que en breve el pueblo podría proclamarle como su nuevo rey, pero no las tenían todas consigo y, de hecho, Pedro-Simón se hizo con dos espadas, que ocultó entre sus escasas pertenencias por lo que pudiera ocurrir.

Santiago, como el resto de sus compañeros, se mostró en aquellos días más preocupado por el futuro terrenal que les aguardaba y por defender a Jesús, en el caso de que los romanos llegaran a prenderlo, que por el significado espiritual de la doctrina que él les estaba inculcando, pues el Maestro se esforzaba en hacerles entender que él se iba a marchar a un lugar al cual ellos no podrían seguirlo, y que no se opusieran cuando fuera entregado a los sacerdotes para ser ajusticiado.

Durante la Cena el desconcierto entre los apóstoles fue absoluto cuando su Maestro se empeñó en lavarles a todos ellos los pies y les dijo que, si alguno se negaba a dejarse hacer, no podría seguir acompañándolo como hasta entonces. Jacobo también tuvo que consentir, como los demás, pero se mostraba alterado, confuso y disconforme, y mostraba como nunca su habitual carácter brusco y ardiente. A continuación, Jesús les aseguró que uno de ellos le iba a entregar en las próximas horas y este anuncio creó, si cabe, más desconcierto entre todos ellos, especialmente en el alma de Santiago, quien se dio por aludido, aunque sabía que él jamás hubiera pensado cometer una traición semejante.

Acabada la Cena, se retiraron a orar al Huerto de Getsemaní, frente al torrente del Cedrón, un lugar especialmente grato y que era muy del gusto del Maestro, aunque esa noche sin luna se mostraba muy oscuro y un tanto tenebroso. Cuando llegaron al cercado que delimitaba el huerto, se volvió a sus discípulos y les pidió en primera instancia que no entraran y le dejaran rezar en soledad. Enseguida lo pensó mejor y pidió a sus tres apóstoles predilectos que lo acompañaran. Acudimos de nuevo al Evangelio de Marcos:

Llegaron a un lugar llamado Getsemaní y dijo a sus discípulos: «Sentaos aquí mientras voy a orar». Tomó consigo a Pedro, a Jacobo y a Juan, y comenzó a sentir pavor y a angustiarse. Y les dijo: «Triste está mi alma hasta la muerte. Quedaos aquí y velad».

Es habitual que Jesús aparezca orando en los Evangelios, así como mostrando a sus apóstoles cómo hacerlo, por lo que parece natural que hubiera decidido rezar en un momento tan difícil como el que se describe en estos versículos. Lo que resulta más llamativo es que se hiciera rodear de sus tres discípulos más cercanos en un momento en el que necesitaba su consuelo para superar el duro trance que sabía estaba a punto de vivir. Una vez más, compartió con ellos este episodio íntimo, en el que se mostró como un «justo sufriente», y aceptó la voluntad de Dios. Jacobo pudo ver con sus propios ojos el sufrimiento que su Maestro se vio obligado a padecer, humillándose y haciéndose obediente hasta aceptar la misma muerte. Esta dura experiencia contribuyó a madurar la fe de nuestro apóstol, al percibir cómo el deseado Mesías no solo estaba impregnado de gloria y honor, sino también de debilidad y sufrimiento.

Sin embargo, los tres le fallaron en esa noche tan trascendental de su existencia. Se durmieron al menos tres veces y Jesús les reprendió por ello en cada una de las ocasiones en que lo hicieron, hasta que los dejó por imposible. Cuando despertaron en plena noche creyeron estar viviendo una pesadilla, pues se vieron rodeados de los sicarios que habían enviado los sacerdotes y ancianos de Jerusalén, guiados por Judas, y huyeron despavoridos, dejando a su Maestro indefenso en sus manos. Pedro, al menos, lo siguió a cierta distancia, pero Santiago no paró de correr hasta refugiarse en la casa donde se alojaba su madre y no salió de allí hasta el amanecer. Esa actitud cobarde, que no demostraron ni su hermano ni su propia madre, quienes más tarde acompañaron a Jesús hacia el Calvario y estuvieron con él hasta que exhaló su último suspiro, le pesaría sin medida el resto de sus días y sin duda fue uno de los motivos que propiciaron que se convirtiera posteriormente en el primero de los doce apóstoles en sufrir martirio por defender su fe.

Al tercer día después del fallecimiento de Jesús en la cruz, Jacobo tampoco quiso acompañar, por miedo a los guardias, a su propia madre, a la Virgen María y a María Magdalena, quienes le pidieron que las ayudase a mover la enorme piedra que cerraba el sepulcro de Jesús, con la intención de acceder a su interior y ungir su cuerpo inerte con hierbas aromáticas. Santiago, sin embargo, se quedó encerrado en la casa con el resto de sus compañeros. Cuando las mujeres volvieron, les dijeron que habían podido ver cómo el Maestro había resucitado y salido de su tumba. Ellos no podían creérselo, hasta que el mismo Jesús resucitado se apareció ante ellos. Cuando lo vieron llegar, quedaron petrificados por el asombro, pero él solo les dijo: «La paz sea con vosotros». Se sentían tan culpables que no eran capaces de comprender cómo el Maestro no les reprochaba la actitud cobarde y mezquina que habían demostrado. Alguno de ellos mostró incluso sus dudas de que realmente fuera Jesús en persona quien estaba presente ante ellos, por lo que este se vio obligado a mostrarles las heridas que la crucifixión le había causado. Después desapareció de sus vidas durante unos días y ninguno de ellos sabía dónde podía estar, aunque sospechaban que se había marchado hacia un lugar donde nadie podía seguirlo, como él mismo les vaticinó que ocurriría.

Mucho se ha hablado del comportamiento bastante egoísta y pusilánime de los apóstoles de Jesús en el episodio del Huerto de Getsemaní y en los días que lo siguieron. Sin embargo, hay que recordar que el Señor buscó a sus discípulos entre la clase trabajadora, y no entre la élite cultural del pueblo de Israel; los seleccionó entre los más torpes de pensamiento y no entre los más sabios; los quiso para sí precisamente por su absoluta condición humana y no divina. Ellos se comportaron finalmente como simples hombres, lo que eran, y no como dioses. Lo importante no es cómo actuaran ni lo que fueran capaces de hacer, sino su inmensa fe, que les permitió aprovechar las nuevas oportunidades de cambiar y redimirse que Jesús les concedió después. Si ellos se quedaban dormidos, sucumbiendo a sus debilidades como seres humanos, Jesús los despertaría las veces que fueran necesarias...

Sin embargo, hasta que llegaron aquellos tristes y vergonzosos días, era más que conocido el ardor que el hijo de Zebedeo había puesto siempre en la defensa del Mesías, ardor que se transformaba por momentos en un carácter arrebatado y celoso. Esto podemos comprobarlo a través de episodios como el ocurrido en Samaria. Lo encontramos narrado por Lucas en su Evangelio:

Sucedió, pues, que como se iban cumpliendo los días de su asunción, él afirmó su intención de marchar hacia Jerusalén. Y envió mensajeros por delante. Caminaron y entraron en una aldea de samaritanos para prepararle la estancia. Pero no lo recibieron porque su aspecto era de que iba a Jerusalén. Y, al verlo, sus discípulos Jacobo y Juan dijeron: «Maestro, ¿quieres que digamos que caiga fuego del cielo y los destruya?». Pero, deteniéndose, los reprendió. Y se fueron a otra aldea[3].

Ellos tenían seguridad absoluta de que su Maestro era el Mesías. Le habían visto hacer increíbles milagros con sus propios ojos, incluida la resurrección de los muertos, por lo que no podían soportar observar cómo había personas que lo despreciaran, que lo humillaran o que se rieran de él. Así pues, en un arrebato de soberbia, le habían pedido que destruyera a todos los habitantes de esa ciu-

---

[3] Lc 9,51-56.

dad solo por el hecho de haberle negado hospedaje. Se trataba de una actitud inaceptable, aunque es cierto que venía más causada por la ignorancia que por la maldad. Sin embargo, Jesús les hizo ver que los milagros había que crearlos para implantar el bien y no para causar el mal. Algunas versiones de la Biblia ahondan en el modo en que Jesús los regañó al demostrar un espíritu tan poco pacífico: «El Hijo del hombre no vino a destruir seres humanos, sino a salvarlos», ponen en su boca.

En aquellos momentos, Jesús se dirigía hacia Jerusalén acompañado por sus apóstoles más cercanos, a sabiendas de que allí iba a encontrar su *asunción*, es decir, su pasión, muerte y resurrección y su posterior ascensión a los cielos. Es verdad que la actitud de los samaritanos en este segundo viaje a la misma zona fue sorprendente, pues la primera vez que Jesús pasó por esas tierras no solo lo acogieron con amor, sino que incluso le suplicaron que no se marchase y que permaneciera allí con ellos para siempre. Sin embargo, cuando Jesús decidió marchar hacia Jerusalén, ellos le negaron el hospedaje, lo que sin duda tuvo que enfadar a todos los apóstoles, pues se trata de una clara violación de las leyes sagradas de la hospitalidad. Este cambio de actitud, no obstante, no justifica la agresividad extrema demostrada por ambos hermanos ante esta flagrante falta de amabilidad, lo que les llevó a pedir al Señor que sumiera toda la ciudad en el exterminio y el aniquilamiento. Nos relata Marcos que Jesús tuvo que reprenderlos. Su forma de actuar no era, como es evidente, la de pasar por fuego y espada a todo aquel que no quisiera darle cobijo.

Esa forma de ser soberbia, violenta e impetuosa hizo que Jesús pronto atribuyera a ambos hermanos el sobrenombre de *Boanergés*, es decir, los «hijos del trueno». Lo narra Marcos en su Evangelio:

A Simón le dio el sobrenombre de Pedro; a Jacobo el de Zebedeo y a Juan, el hermano de Jacobo, los apodó también Boanergés, que significa tronantes[4].

El apodo fue una lección más del Señor, con el propósito en esta ocasión de ir moldeando el carácter de los hermanos hasta convertirlos en los magníficos apóstoles que finalmente llegaron a ser. Este sobrenombre los acompañó a partir de entonces, dando fe

[4] Mc 3,16-17.

de su carácter tempestuoso y también algo violento e iracundo, al parecer heredado de su padre Zebedeo. Podemos concluir que Santiago tenía un temperamento en verdad arrollador, aunque también demostró siempre una enorme capacidad de trabajo y sacrificio. El pintor flamenco Peter Paul Rubens (1577-1640) lo dibujó, por el mismo motivo, como un hombre poderoso, brillante, con unos brazos y manos vigorosos, repleto de energía y con una expresión corporal firme y decidida. Es el retrato que podemos observar en la portada de esta biografía.

Otro episodio bíblico muy conocido, que da cuenta de la forma de ser de los hijos de Zebedeo, es el de su insolente solicitud a Jesús de sentarse cada uno de ellos a su derecha e izquierda en el reino de los cielos. La petición se la hicieron llegar a través de su propia madre Salomé. Esto se relata con bastante detalle en el Evangelio de Mateo:

> Entonces se le acercó la madre de los hijos de Zebedeo con sus hijos y se postró ante él para hacerle una petición. Jesús le dijo: «¿Qué quieres?». Y ella: «Manda que estos dos hijos míos se sienten uno a tu derecha y otro a tu izquierda en tu reino». Jesús contestó: «No

sabéis lo que pedís: ¿podéis beber el cáliz que yo voy a beber?». Ellos dijeron: «Podemos». Él les dijo: «Cierto que beberéis mi cáliz, pero eso de sentarse a mi derecha o a mi izquierda no está en mi mano concederlo; eso será para los que mi Padre haya considerado dignos». Al oír esto, los otros diez se indignaron con los dos hermanos. Pero Jesús los llamó y les dijo: «¿No sabéis que los príncipes de los paganos se enseñorean de ellos y los poderosos los dominan? No será así entre vosotros; el que pretenda ser el primero de vosotros, que sea vuestro esclavo. Así también el Hijo del hombre no vino a ser servido, sino a servir y a dar su vida como rescate para muchos»[5].

Esta reclamación resultaba totalmente incomprensible e improcedente, pues ocurría justo después de que Jesús hubiese anunciado su pasión por tercera vez. Lo narra el Evangelio de Lucas:

Y tomando a los Doce, les dijo: «Mirad, subimos a Jerusalén y se cumplirá todo lo escrito por los Profetas para el Hijo del hombre, pues será entregado a los gentiles, escarnecido, ultrajado y escupido, y después de azotarlo, lo

[5] Mt 20,20-28.

matarán, y al tercer día resucitará». Y ellos no entendían nada de esto, y este lenguaje estaba encubierto para ellos, y no sabían lo que se les decía[6].

Es decir, los Doce no comprendían la predicción que estaban escuchando en boca del Maestro, lo que justificará más tarde su huida tras el prendimiento del Señor en Getsemaní. Los hijos de Zebedeo no entendieron en esos momentos, por lo tanto, en qué consistiría realmente la anunciada resurrección. Lo que ellos creían que sucedería es que Jesús iba a restaurar tras su muerte el glorioso reino de David, y por eso se atrevieron a hacerle una solicitud tan egoísta, según la cual Simón-Pedro quedaría relegado a una posición inferior a la de ellos, a pesar de que el Maestro le había prometido a este la primacía sobre los demás.

Este episodio conlleva por parte de Jesús una evidente vocación de servicio del más grande hacia sus inferiores, vocación que proviene de una antigua tradición rabínica y que sirve aquí como una lección de humildad, tanto para los hermanos Juan y Jacobo como para el resto de sus discípulos. En algunas

---

[6] Lc 18,31-34.

versiones de las Escrituras se llega incluso a presentar a Santiago, por culpa de este episodio bíblico, como «el *suplantador*, el que agarra a otro por la planta del pie».

Es humana y lógica la reacción de los otros diez apóstoles, que se molestaron mucho con ambos hermanos. No era la primera vez que el carácter arrogante, intolerante, incluso violento, de los hijos de Zebedeo desagradaba al Colegio apostólico. En esta ocasión sorprende también la intervención de una mujer tan piadosa y equilibrada como su madre Salomé, al prestarse como intermediaria de una petición tan vergonzante. Bien es verdad que ella lo había dado todo por el Señor, le había seguido en su caminar para servirlo, le había hecho donación de la mitad de su hacienda y le había entregado a sus dos únicos hijos, quienes, por otra parte, en los Evangelios siempre aparecen como de los más sobresalientes y los más resueltos entre sus discípulos y también los más activos en su defensa. Pensaría, por lo tanto, que tenía por ello derecho a reclamarle para sus hijos los puestos más relevantes en el prometido reino de los cielos.

Sin embargo, aunque Jesús los reprendió en esta ocasión, nunca anuló la naturaleza valiente de los hermanos ni cercenó sus impulsos, sino que llegó incluso a fomentarlos. Su nobleza de carácter y sus miras elevadas eran un tesoro que había que preservar y aprovechar, a pesar de venir mezcladas con algunas impurezas como su petulancia y su arribismo. Él cultivó su forma de ser pura y limpió en ellos las partes innobles cuando fue necesario. En este episodio contestó a su insólita petición aludiendo a los misterios de la gracia divina («No sabéis lo que pedís...»), en vez de reprenderlos con aspereza o mostrarles lo alejados que estaban en esos momentos del espíritu evangélico. En definitiva, Jesús no destruyó en los hermanos sus aspiraciones de grandeza, sino que les propuso una meta aún mayor («¿Podéis beber el cáliz que yo he de beber?»), es decir, los retaba a que mostrasen su aliento al asumir la comunión de destino y pasión con él, bebiendo del mismo cáliz que había recibido de su Padre. Si de verdad querían llegar a ocupar un lugar preferente en el reino de los cielos, tendrían que ser capaces de sacrificarse como él lo iba a hacer. El Maestro quería orientar en la dirección adecuada las aspiraciones de grandeza de los hijos de Zebedeo, haciéndoles ver que en el servicio a los demás se encuentra la primacía en su Reino. Los primeros serán los últimos, y los últimos serán los primeros: «Quien quiera ser grande entre vosotros, sea vuestro criado; y quien quiera ser el primero, sea vuestro siervo», dice el Evangelio. Son palabras que encierran la esencia de la grandeza del ser humano y que nos siguen conmoviendo dos mil años después.

Por otra parte, ¿qué mayor prueba de fe se puede pedir a quien solicita un lugar privilegiado en el reino de los cielos? Salomé y sus hijos habían podido comprobar, en el día a día, el poder divino que iba asociado a la misión de Jesús, y creían con toda su alma que este era realmente el Mesías que los profetas llevaban muchos años anunciando, aquel que iba a restablecer por fin el ansiado reino de Israel. No existe un ejemplo más claro de confianza en el Maestro.

III

Santiago continuó ejercitando su apostolado tras la muerte y la posterior resurrección de Jesús junto al resto de los discípulos preferidos del Maestro, pero en los primeros días se sintió huérfano y con el alma dolorida, por lo que prefirió regresar al hogar paterno, donde volvió a ejercer su oficio de pescador junto a Pedro y a Juan. Su hermano pequeño se hallaba muy triste y con la mirada perdida, aunque estaba convencido de que Jesús se les volvería a aparecer en cualquier momento, como había hecho tras la resurrección, por lo que se dejó guiar por Jacobo sin oponer resistencia. Sabía que Jesús iría a buscarlos, no importaba el lugar donde se hallaran. También se les unieron otros apóstoles como Natanael, Tomás el Mellizo y algún otro seguidor de Jesús de los que antes trabajaban como pescadores. No sabemos realmente en qué momento la mayoría de ellos decidieron regresar a Galilea, aunque es lógico que no permanecieran en Jerusalén mucho más allá de los tres días posteriores al ajusticiamiento de Jesús, ya que ellos también debieron de sufrir persecución en esos días, por lo que determinaron que lo mejor para su seguridad sería volver a su hogar casi de forma inmediata.

Salomé reprochó su actitud a sus dos hijos. Ella estaba convencida de que la aparición de Jesús tres días después de su muerte era una señal inequívoca de que ellos no debían interrumpir su labor apostólica y volver tan pronto a su antiguo oficio de pescadores. Juan le contestó entonces que con seguridad el Maestro aprobaría su actitud, pues siempre les enseñó que debían ganarse el sustento con sus propias manos. También le dijo que él estaba seguro de que pronto se les volvería a aparecer y les indicaría con claridad cuáles deberían ser sus próximos pasos, aun cuando estuvieran en ese momento durmiendo, faenando u orando en el templo.

En efecto, al día siguiente Jesús se les apareció de nuevo en el Jordán, según nos cuenta Juan en su Evangelio:

Después de esto se manifestó Jesús de nuevo a los discípulos junto al mar de Tiberíades. Se manifestó así: estaban juntos Simón Pedro, Tomás, el llamado Mellizo; Natanael, el de Caná de Galilea; los de Zebedeo y otros dos de sus discípulos. Simón Pedro les dijo: «Voy a pescar». Le contestaron: «Vamos nosotros también contigo». Se marcharon y subieron a la barca, y en aquella noche no pescaron nada. Llegada ya la madrugada, se presentó Jesús en la orilla, aunque los discípulos no sabían que era él. Jesús les dijo: «Muchachos, ¿no tenéis pescado?». Le respondieron: «No». Pero él les dijo: «Echad la red a la parte derecha de la barca y encontraréis». La echaron y ya no podían arrastrarla por la gran cantidad de peces. El discípulo al que Jesús amaba dijo a Pedro: «Es el Señor»[1].

Se habían subido hasta siete de ellos en la misma barca, en su afán de estar juntos todo el tiempo posible y consolarse del vacío que la desaparición de Jesús había dejado en sus corazones. Salieron de anochecida, conscientes de que esa era la hora más propicia para llenar sus redes de pescado. Sin embargo, no consiguieron pescar nada en toda la noche, aunque veían de lejos cómo otras barcas que

[1] Jn 21,1-7.

faenaban por la misma zona sí lograban sacar sus mallas repletas de peces. Eso no les impidió seguir intentándolo, pero al final tuvieron que volver derrotados entre la penumbra del amanecer. Cuando se aproximaban a la orilla vieron una fantasmal figura erguida que parecía esperarlos entre la bruma. Al principio no lograron reconocer a su Maestro, pero todos sabían de quién se trataba en el fondo de sus corazones y por eso le obedecieron en todo sin rechistar, incluso antes de tener seguridad de que estaban hablando con Jesús. Todos los estudiosos coinciden en que quien finalmente lo reconoció, «el discípulo al que Jesús amaba», era el mismo Juan.

Algunos analistas bíblicos afirman que este episodio de la pesca milagrosa simboliza la abundancia que los afortunados encontrarían en el reino de los cielos cuando llegaran, aunque lo habitual es relacionarlo más bien con el simbolismo de los «pescadores de hombres», del que ya hablamos más arriba. Respecto a la aparición de Jesús en la madrugada, es un hecho habitual en Juan, ya que en su Evangelio la luz tiene siempre un valor simbólico positivo.

El Maestro se les apareció de forma tan inesperada que ni siquiera lo reconocieron en un primer momento, pero una vez en tierra se acercaron a él, lo abrazaron y compartieron un suculento desayuno a base de pan y pescado fresco, cocinado en las brasas de una hoguera que alguien prendió. Una vez saciadas sus necesidades, Jesús les habló de cosas del espíritu hasta el atardecer y, cuando finalizó, todos ellos tenían muy claro que desde aquel día debían dedicarse a predicar el Evangelio por todos los rincones del mundo conocido. Santiago, con el deseo de compensar los actos de cobardía que había protagonizado en Jerusalén, solicitó irse a ejercer su apostolado al lugar más lejano posible, incluso al fin del mundo *(Fines Terrae)*, y así distinguirse de sus compañeros, quienes fijaron su objetivo en sitios bastante más cercanos, como el mismo Jerusalén (Santiago el Menor), Roma (Pedro) o Turquía (Andrés).

Sabemos que Santiago también estuvo presente en el Cenáculo en Pentecostés, cuando descendió sobre los allí reunidos el «fuego del cielo», el verdadero fuego sagrado. Se encontraba ese día reunido con los apóstoles elegidos y con la Virgen María, cuando un tremendo viento trajo consigo una especie de lenguas de fuego que fueron a posarse sobre las cabezas de cada uno de los presentes.

Desde ese momento, el Espíritu Santo obró en ellos e hizo que pudieran comunicarse perfectamente en todas las lenguas conocidas, además de hacerlo en su idioma natal, el arameo. También inspiró en todos los apóstoles la lucidez y el valor suficientes, que les hicieron sentirse preparados como para viajar muy lejos sin sentir ningún temor y predicar en tierras remotas la palabra del Señor.

En la fiesta de Pentecostés se conmemoraba la entrega de las Tablas de la Ley a Moisés por parte de Dios en el monte Sinaí. Era una fiesta importante para los judíos, por lo que había reunida cerca una gran multitud de personas procedentes de distintos lugares del mundo. Los Once (recordemos que Judas ya no formaba parte del grupo, por motivos obvios) salieron entonces a hablar con la gente allí congregada sobre el Evangelio en todas las lenguas que acababan de adquirir. Muchos se rieron de los oradores, al oírlos expresarse en idiomas que la mayoría desconocía, pero ellos no se enojaron, ni siquiera Santiago, que también había mudado su carácter iracundo por la intercesión del Espíritu Santo. Todos siguieron, al contrario, predicando de forma pacífica y explicando con detenimiento los detalles que las Sagradas Escrituras recogían respecto a cómo se había cumplido en Jesucristo la profecía de la llegada del Mesías, quien consintió ser crucificado para resucitar al tercer día. Ese mismo día entre todos convirtieron a más de tres mil personas mediante el sacramento del bautismo y en las jornadas siguientes continuaron predicando sin descanso, según se afirma en el *Breviario de los Apóstoles*, en las lecciones de su fiesta, refiriéndose a nuestro protagonista:

Después de la Ascensión del Señor predicó Santiago la divinidad del Señor en Judea y Samaria y trajo muchos fieles a la fe de Cristo.

Además de extender la palabra de Dios, los apóstoles comenzaron también a obrar prodigios. Curaban a los enfermos del mismo modo que sanaban las almas. Si alguno caía prisionero por orden del Sanedrín, un ángel aparecía y lo liberaba de forma milagrosa. Si los castigaban, salían de la flagelación cantando por la alegría que les producía haber sufrido por el Señor. Por eso dejaron de tener miedo y no se ocultaban, predicando a cualquier hora del día y en los lugares más concurridos.

Como la Sinagoga les perseguía de forma cada vez más encarnizada, decidieron dispersarse. Todavía no era el momento para permitir que todos murieran martirizados, ya que aún no habían congregado un número de seguidores suficiente como para que estos continuaran predicando la palabra de Dios en su lugar. El diácono Esteban, sin ir más lejos, acababa de morir lapidado por orden del Sumo Sacerdote. Por otra parte, sabían que les correspondía iniciar esos viajes para obedecer a Jesús, quien, justo antes de su Ascensión a los cielos, se lo había ordenado de forma expresa:

> Recibiréis el poder del Espíritu Santo que vendrá sobre vosotros y seréis mis testigos en Jerusalén, en toda la Judea, en Samaria y hasta el confín de la tierra[2].

Con estas palabras, el Señor daba por concluido el ministerio terreno del Mesías e iniciaba de forma oficial un nuevo tiempo para la Iglesia, tiempo que se iba a caracterizar ya no por la «espera», sino por la «misión». Jerusalén se iba a transformar en la capital del reino mesiánico y en un potente foco de expansión de la noticia de la salvación en nombre de Jesucristo. Este mandato fue el que precipitó que Santiago decidiera cumplir

---

[2] He 1,8.

ya su promesa y marcharse a tierras lejanas a predicar el Evangelio. Sin embargo, él desconocía dónde se encontraba ese «confín de la tierra» al que se había comprometido a llegar. La Biblia no deja definido con exactitud a qué lugar se refería Jesús con sus palabras cuando hablaba de ese remoto lugar, pero lo más verosímil es que estuviera pensando en Hispania, más allá de las columnas de Hércules (estrecho de Gibraltar), que por entonces era el extremo más occidental del mundo conocido. Un lugar ignoto para Jacobo, del cual intuía su lejanía y era consciente de que debía recorrer varios mares durante semanas hasta finalizar su viaje.

En aquellos tiempos el comercio naval por el Mediterráneo era bastante frecuente, por lo que resulta muy creíble pensar que el Apóstol encontrase el modo de embarcar en alguno de los barcos que partían de Palestina y llegaban hasta la otra punta de ese mar, con alguna necesaria escala de por medio. Así pues, y según recoge la tradición, Santiago partió para España en los inicios del año 40. Su primera escala fue en la ciudad fenicia de Tiro, desde la que buscó un navío mercante que lo llevara hacia su destino. Allí le hablaron por vez primera de la lejana colonia romana de Iria Flavia, en Hispania, hacia la cual encaminó sus pasos. Recorrió todo el Mediterráneo, desde su extremo oriental hasta el occidental, llegó a Tartessos, ya en la Península, y desde allí consiguió introducirse en otro bajel que lo trajo hasta tierras gallegas.

Parece ser que, desde ese momento, anduvo por la Península entre dos y seis años, según los analistas, hasta que decidió retornar a Tierra Santa. Los primeros meses los pasó en Galicia, donde encontró unos parajes muy distintos a los de su soleada Palestina y un clima muy húmedo, de cielos oscuros y encapotados la mayoría del tiempo. Los habitantes que moraban a las orillas del río Sar eran muy incultos e ignorantes y muy dados a creer en supercherías y falsos ídolos, creencias que habían heredado de los celtas, un pueblo bárbaro que ocupó aquellas tierras muchos años y que tenía establecido un culto a la naturaleza por el que idolatraban a los árboles, los montes, los ríos y las nubes, además de que de vez en cuando caían en la brutalidad de realizar sacrificios humanos. Habitaban en una especie de poblados circulares y amurallados que denominaban *castros* y que les permitían defenderse mejor cuando eran atacados por los pobladores de otras aldeas.

Poco después fue cuando se aproximó a la población de Iria, ubicada en el valle que forma el río Sar antes de confluir con el Ulla, en la prolongación de la ría de Arosa. En nuestros días se trata de un pequeño pueblo perteneciente al término municipal de Padrón, pero en época de los romanos vivió una época de notable apogeo, coincidiendo con los años de dominio de la dinastía Flavia, gracias al elevado tránsito del que disfrutaba el puerto gallego de Padrón, por el que pasaban comerciantes de todas las procedencias. También lo frecuentaban navíos de judíos que traficaban con diversas mercancías. Estos habían conformado una pequeña comunidad que disponía incluso de una sinagoga, en la que se rendía culto a Yavé, aunque de forma poco rigurosa. En este lugar Jacobo estuvo predicando bastante tiempo y logró conformar un grupo de seguidores que se unieron a los que lo habían acompañado desde Jerusalén y que ya nunca se separarían de él. Aquí se creó uno de los primeros obispados de España, obispado que mucho después, en el año 1095, se trasladó a Compostela.

La villa de Padrón se consolidó más tarde como un notable burgo durante la Edad Media, creció y se convirtió en un relevante enclave histórico de la tradición jacobea. Este pueblo está localizado a unos veintitrés kilómetros al sur de Compostela y conforma aún hoy la penúltima etapa del llamado Camino Portugués. Muy cerca destaca una colina, llamada de San Gregorio, en la que Santiago predicó en torno al año 42, lo que dio origen al tradicional *Santiaguiño do Monte*, una romería que las gentes del pueblo celebran desde hace décadas cada 25 de julio. Es un lugar que desde la Edad del Hierro rebosa espiritualidad y que vivió su mayor auge entre los siglos XII y XVIII.

Santiago tuvo que lidiar contra la ignorancia arraigada en las gentes que habitaba esta zona ignota, pero siempre buscando lo que tenían de bueno: su carácter, su tenacidad en el trabajo o su habilidad para navegar y comerciar. Además de Padrón, muchos otros enclaves gallegos siguen recordando hoy día el paso del Apóstol por allí durante aquellos tiempos. Cerca del pueblo coruñés de Muxía, por ejemplo, se levanta el santuario de La Barca, en un apartado paraje donde Santiago descansó algunos momentos mientras predicaba la palabra de Dios por la zona y donde se le apareció también la Virgen María para darle ánimos en su penosa labor.

Tras predicar el Evangelio en la zona de Iria Flavia perteneciente a la actual Galicia, Santiago bajó a lo que hoy es la ciudad portuguesa de Braga. Posteriormente continuó su recorrido por la Península hasta llegar a la actual Zaragoza, y más tarde fue siguiendo la vía del Ebro hasta Tortosa o Valencia. La etapa aragonesa fue la más exigente de todas por las que pasó Santiago a través de la Península. Se trataba de tierras habitadas en aquellos días por recios iberos que no mostraban ningún interés por las cosas del espíritu, más allá de las toscas supersticiones en las que creían.

La ciudad de Zaragoza en el siglo I era tan solo una pequeña aldea cruzada por un gran río. Se dice que en la capital aragonesa la Virgen María, todavía en vida, se le apareció a Santiago en sueños sobre una columna y le ordenó regresar a Jerusalén. Al despertar del sueño, la pilastra sobre la que pudo ver a la Virgen continuaba allí, lo que daba prueba de la veracidad de la aparición que había disfrutado. Todos los presentes comenzaron a adorar desde ese día aquel poste de piedra y, con el tiempo, la comunidad cristiana que se terminó creando en el lugar colocó sobre el poste una imagen de la Virgen y, más tarde, un templo que fue respetado incluso por los musulmanes que invadieron España a partir del siglo VIII. Es el origen de la basílica hoy dedicada a Nuestra Señora del Pilar, mundialmente conocida. La causa de su regreso a Jerusalén no está documentada, más allá de la aparición de la Virgen que tuvo en Aragón, pero lo cierto es que un día se dirigió a los suyos y les dijo: «La semilla está puesta, volvamos a la raíz», y entonces comenzó a preparar su retorno.

Su recorrido peninsular finalizó en algún puerto mediterráneo de lo que hoy son las comunidades de Murcia o Andalucía oriental, desde donde una nave fenicia lo llevó de vuelta hasta Palestina, junto a sus discípulos más cercanos, de nuevo a través de la ciudad de Tiro. Algún biógrafo del Santo lo sitúa también, durante ese recorrido de oeste a este de la Península, predicando en las actuales ciudades de Barcelona y Lérida, y hay quien apunta que debió de permanecer bastante tiempo en tierras tarraconenses, en la zona que cruzan los ríos Tambre y Ulla. Allí encontró a otros discípulos muy afines, hasta completar el número de doce, quienes también lo siguieron hasta Tierra Santa, donde conocieron a Pedro y después fueron quienes portaron su cadáver de regreso a España, una vez el Apóstol hubo fallecido.

IV

Cuando llegaron a Jerusalén, encontraron una ciudad en plena ebullición. Las conversiones al cristianismo se contaban por centenares cada día, gracias a la labor de intensa predicación que estaban llevando a cabo los apóstoles que decidieron quedarse por aquella zona y los discípulos que cada uno de ellos llevaba en su compañía, como antes había hecho su Maestro.

El Sanedrín estaba cada vez más molesto y sus componentes urdían la forma en que los romanos les pudieran ayudar a terminar con aquella situación. Entonces la Sinagoga decidió promover la primera gran persecución contra la Iglesia cristiana. Santiago fue uno de los primeros que resultó arrestado y hecho prisionero en esta caza inicial, lo interrogaron y tuvo que sufrir tormento junto al resto de los apóstoles detenidos, aunque no por ello dejaron de ejercer la sagrada tarea para la que habían sido elegidos, según se relata en los Hechos de los apóstoles:

> Llamaron entonces a los apóstoles, los azotaron, les ordenaron que no hablaran en el nombre de Jesús y los soltaron. Así pues, marchaban ellos alegres de la presencia del Sanedrín, porque habían sido considerados dignos de ser deshonrados a causa del nombre. Y no cesaban de enseñar y de anunciar al Mesías Jesús todo el día en el templo y por las casas[1].

Llegados a este punto, es necesario explicar las causas del odio que los judíos sentían hacia el nuevo y pujante culto cristiano. Estos judíos tradicionales eran fervientes seguidores de Moisés y pensaban que los apóstoles de Jesús estaban predicando una doctrina maléfica que dañaba, de forma muy seria, la pureza de la Ley de Dios que este les había hecho llegar. Como los cristianos, ellos también estaban convencidos de que iba a llegar un Mesías que les liberaría del dominio romano, pero creían que este no podía ser en absoluto el Jesús al que estos idolatraban, un hombre

---

[1] He 5,40-42.

proveniente de la indigencia y que predicaba poner la otra mejilla cuando alguien te abofeteaba. Así pues, les acusaban de idolatría, ya que tomaban como Dios a un hombre mortal que incluso terminó siendo ajusticiado por los romanos.

Como consecuencia de aquellas persecuciones contra los cristianos pioneros, Santiago fue el primero en morir como mártir entre todos los apóstoles, el primero en derramar su sangre por el Señor. El Sanedrín, encabezado por el Sumo Pontífice Abiatar, tomó la decisión de perseguirlo de forma expresa por el mucho daño que les hacía, dado el gran número de conversiones que conseguía realizar todos los días. Poco sabemos de las circunstancias que acompañaron su asesinato, decretado por Herodes Agripa, aunque es muy probable que fuera acusado de cometer un delito de idolatría y otro de incitación a la idolatría y, por lo tanto, decapitado, pues ese era el modo de ajusticiamiento habitual de los romanos en aquellos años para este tipo de delitos, como se narra en los Hechos de los apóstoles:

Por aquel tiempo el rey Herodes echó mano a algunos miembros de la Iglesia para aniquilarlos. Mató a espada a Jacobo, el hermano de Juan. Y al ver que aquello resultaba agradable a los judíos, pasó a detener también a Pedro[2].

Fue así el primero en beber el cáliz de la pasión, como en su día le vaticinó Cristo cuando le pidió sentarse a su lado, junto con su hermano, en el reino de los cielos. De hecho, es el único de los doce apóstoles del que la Biblia narra de forma explícita su martirio, aunque sorprende la brevedad y la falta de detalles con que se refiere una noticia tan importante, lo que demuestra que en aquellos tiempos era habitual que los cristianos pagaran con su vida el testimonio de su fe. El hecho de ser el primero en recibir el martirio nos hace ver la importancia de la posición que Jacobo ya ocupaba en la incipiente Iglesia de Jerusalén, consecuencia lógica del papel protagonista que había desempeñado durante la vida terrenal del Señor.

Herodes Agripa I, responsable del ajusticiamiento de Santiago, era hijo de Aristóbulo y Berenice y nieto del gran Herodes I el Grande (40 a.C. / 4 a.C.), un rey cruel y muy astuto, pero que consiguió un largo período de paz y felicidad para su pueblo.

---

[2] He 12,1-3.

Se trata del famoso Herodes que trató de asesinar a todos los niños varones de Belén para evitar que Jesús llegara a adulto y lo destronara cuando fuese proclamado «rey de los judíos», según rezaba la profecía.

Aristóbulo, el padre de Agripa, fue condenado también a muerte por su propio padre, con algunos de sus hermanos, todos acusados de traición. Agripa I fue, por otra parte, sobrino de Herodes Antipas, tetrarca de Perea y Galilea, a quien traicionó y mandó al exilio, consiguiendo arrebatarle Galilea en el año 39 y terminando así con un reinado licencioso dominado por la incapacidad y la perversión de un rey que llegó incluso a cometer un adulterio incestuoso, además de que fue el responsable del ajusticiamiento de san Juan Bautista y del escarnio que sufrió el mismo Jesús el Viernes Santo.

Agripa I fue nombrado por el emperador Calígula rey de Galilea y monarca de la antigua tetrarquía que gobernó su tío Filipo, y también gobernante de la tetrarquía de Lisanías. El cruel Calígula lo tenía en gran estima, pues fue su compañero de correrías durante su juventud, en la que llegó a cometer delitos horribles que el tirano consintió. Más tarde el emperador Claudio también le entregó las regiones de Idumea, Samaria y Judea, por lo que Agripa llegó a ser un monarca muy poderoso que logró hacerse con prácticamente todo el poder que en su día amasó su abuelo Herodes. El ajusticiamiento de Santiago ocurrió durante la tercera gran persecución hacia los cristianos que él propició, cumpliendo así su papel como uno de los peores enemigos históricos de la primera Iglesia cristiana. Hubo también una segunda persecución en la que resultó lapidado san Esteban, pero esta tercera fue la más sangrienta y cruel.

No debe pasar por alto el hecho de que la razón principal de la persecución de Agripa hacia los discípulos de Jesús fue que «resultaba agradable a los judíos», es decir, que lo hizo sobre todo por complacerlos, ya que el odio a los nuevos cristianos estaba cada vez más extendido entre los judíos tradicionales, y eso a pesar de que los partidarios del rey Agripa eran minoría entre el pueblo judío. Sabemos que un rabino llegó incluso a prohibirle su entrada en la sinagoga. Quizás por esta misma causa el rey pensó que la puesta en marcha de esta persecución, que costó la vida a Santiago, podría reconciliarle con la población judía, puesto que parecía que les satisfacía. Su último objetivo era unificar, en definitiva, a toda la población en torno a su corona. Sea por lo que fuere, Agripa decidió entregar a los romanos, en torno a la Pascua del año 42, a los elementos más destacados de la Iglesia apostólica, y esto nos da la seguridad de la fecha casi exacta en que Jacobo fue martirizado.

Es evidente que Santiago era uno de los miembros más activos y odiados por los judíos entre el grupo de los apóstoles, ya que fue uno de los que predicó la palabra de Cristo desde el primer momento con mayor ardor y celo, y ese fue el principal motivo por el que cayó el primero. El historiador Eusebio, tomando como fuente los escritos de Clemente de Alejandría, cuenta cómo el hombre que lo denunció, un joven llamado Mardoqueo, quedó tan admirado por su firmeza y por la constancia en proclamar su fe que, cuando el Apóstol se encaminaba al calvario, se acercó a él, le dijo que su ejemplo le había hecho convertirse al catolicismo y le suplicó su perdón. Santiago lo bautizó y lo besó en señal de paz y, acto seguido, ambos compartieron el martirio. Abiatar no permitió siquiera que se diera cristiana sepultura a sus miembros separados, ya que no quería crear lugares de culto dentro de Judea, como terminaría resultando la tumba de tan destacado apóstol de Jesús, por lo que ordenó que los arrojaran a un lugar apartado donde pudieran ser alimento para los perros y las aves carroñeras.

Afortunadamente, sus discípulos recogieron su cadáver, unieron de nuevo la cabeza con el resto del cuerpo y lo embalsamaron, con la idea de llevarlo a las tierras gallegas, donde había estado predicando solo unos meses antes. En este punto, hay que señalar, según piensan algunos analistas, que cuando se encontró el sarcófago perdido de Santiago en el siglo IX, la cabeza de Santiago continuaba estando separada del resto de su cuerpo, por lo que ambas teorías perviven como ciertas. Los discípulos nacidos en Galilea, como Teodoro, Atanasio o Bildad, hubieran preferido que el Apóstol recibiera sepultura en su tierra, pero fueron convencidos por los hispanos de la inconveniencia de llevar a cabo esta idea, ya que era evidente que la tumba tendría que estar oculta y, por lo tanto, en Galilea no podría recibir en los años venideros la veneración que se merecía. Quizá tomaron esta decisión inspirados por el Espíritu Santo que, según contaba san Jerónimo en el siglo IV, dispuso que cada uno de los apóstoles de Jesús fuera enterrado en el lugar en el que la palabra del Señor fuera conocida por primera vez gracias a su predicación, instrucción que les hizo saber a todos por boca de Pedro, quien ya era entonces el primado de la Iglesia cristiana que acababa de nacer.

En los Hechos de los apóstoles se relata, de forma inmediatamente posterior al anuncio del martirio de Jacobo, que Pedro también fue hecho prisionero en aquel momento, pero Dios envió un ángel que lo sacó de la prisión antes de que pudieran juzgarlo y condenarlo a muerte, como sí pudieron hacer con él. Es probable también que Santiago no recibiera un ángel salvador porque su destino era ser el primer mártir después de Cristo, martirio que le anunció Jesús, como ya hemos señalado, cuando le preguntó si estaba dispuesto a beber el mismo cáliz que él iba a probar.

Su muerte no iba a significar un sacrificio baldío. De hecho, supuso un acicate para que el resto de los apóstoles continuaran predicando por todos los confines de la tierra la palabra de Dios. Tanto Pedro como los demás estuvieron trabajando por tierras palestinas durante doce años, mientras que la persecución del taimado Herodes Agripa se iba extendiendo por todo el país de los judíos, y luego prosiguieron viajando en todas las direcciones con la intención de evangelizar el mundo conocido. El martirio de su «hermano mayor» Jacobo tuvo que conmoverlos y empujarlos a afrontar las fatigas del apostolado. Pablo nos dibuja con verbo vigoroso este momento histórico en que los discípulos de Jesús iniciaban su ardua labor afrontando toda clase de penurias:

Viajes numerosos, peligros de ríos; peligros de bandidos; peligros de los de mi raza; peligros de los gentiles; peligros en la ciudad; peligros en despoblado; peligros por mar; peligros entre falsos hermanos; trabajo y fatiga; en vela muchas noches; hambre y sed; en ayunos muchos días; frío y desnudez[3].

En definitiva, el ejemplo de Santiago, la forma imperativa por la que transcurrió su vida y se cercenó bruscamente, fue el motivo que detonó la expansión del Colegio apostólico por el mundo y, por lo tanto, lo que permitió el conocimiento de la fe verdadera hasta los últimos confines de la tierra. Él fue, en verdad, el primero de todos.

La antigua tradición piadosa conocida universalmente como la *translatio* nos cuenta

---

[3] 2Cor 11,26-27.

que, una vez fallecido, el cuerpo del Apóstol fue trasladado por siete de sus propios discípulos hasta las costas de Galicia, tierra en la que el Espíritu Santo dispuso que ejerciera anteriormente el ministerio del apostolado. Ya hemos visto como, una vez el Señor ascendió a los cielos, sus apóstoles, fortalecidos e inspirados por el Espíritu Santo, se repartieron todos los territorios de la tierra con el objetivo de que cada uno de ellos propagara el Evangelio por las regiones en que les hubiera tocado, y por eso Santiago ya había predicado en la península ibérica. Es cierto que los viejos *Evangelios apócrifos* solo le muestran trabajando por Jerusalén y sus alrededores, y que él ya había fallecido en el momento en que se celebró el Concilio apostólico, pero algo de verdad habría en su viaje cuando siglos después se empezaron a desarrollar las numerosas teorías y tradiciones sobre el corto pero intenso recorrido que realizó por nuestras tierras y sobre el traslado *post mortem* que propició que sus restos reposaran de forma definitiva en Galicia.

Este traslado de sus restos se realizó en una nave que partió el año 44 de Jaffa para atracar seis meses después en las costas de Iria Flavia, concretamente en un lugar llamado Bisria, en la confluencia entre los ríos Ulla y Sar. Jaffa es una ciudad situada a orillas del Mediterráneo oriental, cercana a Jerusalén, de la que siempre ha ejercido como su puerto natural. Hoy día forma parte de la gran urbe de Tel Aviv y continúa siendo un puerto de referencia en la zona. Tiene la importancia histórica de ser una de las primeras ciudades que acogieron el cristianismo de forma oficial.

Al parecer, durante el viaje, Atanasio y Teodoro celebraron cada día la santa misa en el barco, utilizando la caja de madera que contenía el cadáver del Apóstol a modo de improvisado altar. Esto hizo que en el mundo cristiano sea habitual hasta nuestros días que los altares contengan en su interior los restos de algún santo en forma de reliquias. Cuenta la tradición que, una vez en tierra, caminaron «cuatro leguas hacia el septentrión», durante tres días con sus noches, por la ancha vía romana que iba desde Iria hasta el pueblo de Brigantium, y llegaron a un lugar que entonces se llamaba Liberodunum, donde decidieron dar sepultura a su venerado cuerpo, protegido por una caja de madera bellamente labrada y revestida con telas bordadas con hilos dorados y plateados. Hay que tener en cuenta que las religiones precristianas de aquel tiempo creían que el Sol fenecía cada noche al hundirse en las aguas del océano Atlántico y este hecho posiblemente fue considerado por los hombres que eligieron aquel emplazamiento preciso para la tumba de Jacobo.

Poco después se decidió levantar un mausoleo, que fue conocido con el nombre de *Arca Memórica*, según podemos comprobar en algunos documentos que se conservan en la Catedral de Santiago y datados ya en el siglo IX, durante los reinados de Alfonso III, Ordoño II, Ordoño III y Sancho el Craso. Durante los siglos II y III es probable que aquel enterramiento recibiera culto por parte de algunas comunidades cristianas de la zona. Esta incipiente cristiandad peninsular fue con seguridad conocedora en aquellos años de la existencia del mausoleo, pero el lugar exacto tuvo que ser ocultado, debido a la cruel persecución que entonces sufrían los cristianos y para evitar que sufriera una profanación, por lo que al cabo del tiempo su ubicación llegó a caer en el olvido.

La tradición nos habla de la existencia en aquel mausoleo de unos sarcófagos, elaborados en mármol, que contenían el cuerpo del Apóstol y los de sus discípulos Teodoro y Atanasio, los principales encargados de trasladar a España el cadáver de Santiago desde Jerusalén, depositarlo en Iria Flavia y, posteriormente, continuar con su misión evangelizadora en aquella misma región. Esta labor pía hizo que se ganaran el honor de ser sepultados tras su muerte junto a los santos despojos del Apóstol.

La idea de que los apóstoles tenían en mente llegar a predicar hasta los últimos confines de la tierra conocida (no olvidemos que el área de Galicia era conocida entonces como *Finis Terrae*, es decir, el fin del mundo, la última frontera antes del océano ignoto), incluida la península ibérica, es más que plausible, pues ya lo expresó san Pablo en su muy citada Carta a los romanos:

> Mas ahora, no teniendo ya lugar en estas regiones, y deseando vivamente ir donde vosotros desde hace muchos años, cuando vaya para Hispania..., pues espero veros al pasar y ser provisto por vosotros de viático hacia allá, con tal de que antes disfrute un poco de vosotros[4].

---

[4] Rom 15,23-24.

Es decir, que san Pablo tenía claramente planificado un desplazamiento hasta nuestras tierras, viaje que hay quien asegura que llegó a realizar, aunque no hay pruebas fehacientes de que pudiera ponerlo en marcha en ningún momento. En la misma Carta a los romanos Pablo expresó su deseo de llegar hasta Hispania, llevado por su ambición de predicar la buena nueva de Jesucristo. Estas palabras son interpretadas por algunos analistas en el sentido de que Pablo no parece conocer la predicación que Jacobo ya había realizado en nuestras tierras, lo que podría ser una prueba de la no existencia de la estancia de Santiago en España, aunque no hay ningún dato que permita corroborar esa suposición. Lo que sí es cierto es que hasta más de un siglo después del fallecimiento de Jacobo y de Pablo no hay relatos que nos hablen de cierta actividad cristiana en nuestro país.

Desde entonces, pasaron cinco siglos hasta que, en los inicios del siglo V, un tal Hesiquio, por aquellos días obispo de Salona, contemporáneo y buen amigo de san Jerónimo, escribió una biografía de san Clemente. En ella se refiere a la tradición española que da por segura la estancia de Santiago en tierras hispanas, pues se había mantenido en la Iglesia sirmiense desde los tiempos apostólicos, con circunstancias dignas al menos de su estudio y atención. En este escrito se dice que Andrónico, uno de los discípulos de Jesús y primer obispo sirmiense en Panonia, ya dejó consignado que Pedro envió a Santiago a España el mismo año en que Clemente llegó a ese lugar, y que fue de hecho el primero en predicar la fe cristiana en nuestras tierras, que fundó iglesias y que ordenó a los primeros obispos. Además, confirma que después volvió a Jerusalén, tras haber recorrido varias ciudades y haber convertido al cristianismo a una gran cantidad de personas. El descubrimiento en el siglo XX de los escritos de Dídimo, quien fue maestro de san Jerónimo, corrobora esta opinión, pues hablan de que uno de los apóstoles más cercanos a Jesús fue enviado a España a predicar la fe verdadera, y este no pudo ser otro que nuestro protagonista.

No obstante, aún hubo que esperar dos siglos más para encontrar documentos que prueban la veracidad de la *translatio...*

V

En España, la tradición que da por cierta la predicación de Santiago en nuestras tierras ha permanecido inalterable a lo largo de los siglos, a pesar de las voces discordantes que de vez en cuando han clamado contra ella, y ha llegado a ser tan unánime que culminó con el nombramiento del Santo como patrón nacional. Esta tradición no admite dudas sobre los sucesivos traslados de las reliquias hasta terminar reposando en la Catedral de Compostela y también incluye como verdaderos otros episodios, como la visita de la Virgen María que el Apóstol recibió durante su estancia en Zaragoza. La ciudad misma de Santiago nació, por lo tanto, en torno a la tumba apostólica de Jacobo y guarda su memoria, y este hecho da sentido a la peregrinación conocida desde hace siglos como Camino de Santiago.

Vicente de la Fuente (Calatayud, 1817-1889), jurisconsulto, historiador y canonista español, nos dice lo siguiente en su *Historia eclesiástica española:*

Esta tradición ha sido siempre en España general, continua y unánime, y si algo vale la tradición entre los católicos, respetable debe ser la que se apoya en el sentimiento unánime de una nación grande y católica desde los primeros siglos, apoyándose en un culto religioso inmemorial en sus antiquísimos libros litúrgicos, en los testimonios de varones extranjeros del siglo IV y siguientes y en la opinión constante de los sabios nacionales y extranjeros.

Si nos atenemos a los textos existentes y a los hechos probados, la llegada de Santiago a España no está documentada fehacientemente hasta el siglo VII. A principios de ese siglo, o últimos años del anterior, se redactó, en el norte de Italia o en el sur de Francia, el conocido como *Breviarium Apostolorum (Breviario de los Apóstoles)*, texto en el que se menciona por primera vez como hecho cierto la predicación de Santiago en tierras españolas. Sin duda san Isidoro de Sevilla (560-636) ya sabía de la existencia de este texto, pues lo recogió en un tratado atribuido a él –aunque esta autoría ha sido cuestionada por multitud de estudiosos–, titulado *De ortu et obitu Patrum (Del nacimiento y muerte de los Padres)*. Está demostrado, en todo caso, que esta obra fue escrita con seguridad durante el período visigodo, aunque la autoría de san Isidoro sería determinante, ya que su nombre respaldaría con mucha más fuerza la veracidad de la predicación jacobea en la Península recogida en el *Breviario*, y en aquellos años además sirvió con seguridad para prestigiar y expandir esta teoría, como señaló en uno de sus escritos el estudioso alemán Klaus Herbers, quien señaló que este texto «tuvo suma importancia para la formación de la tradición jacobea, ya que sirvió de fuente a otros muchos textos sobre la predicación del Apóstol en España».

Por otra parte, tanto la liturgia visigótica como la mozárabe ya proclamaban entonces al Apóstol en su *Himno de Vísperas* de la festividad de Santiago como evangelizador de España. En este contexto, el filólogo e historiador Marcelino Menéndez Pelayo (Santander, 1856-1912) encontró, en una obra atribuida a san Julián (siglo VII), un comentario sobre el profeta Nahum que alude a la estancia de Santiago en España, lo que corrobora aún más la certidumbre de este hecho. Menéndez Pelayo afirma, no obstante, que no existen testimonios más antiguos, salvo las afirmaciones de san Jerónimo y Dídimo de Alejandría, que ya han sido comentadas en el capítulo anterior, de que uno de los principales apóstoles había estado en España, aunque es cierto, como ya vimos, que no daban ningún nombre en concreto, por lo que no es completamente seguro que se refirieran al hijo de Zebedeo. Estas son las palabras que Menéndez Pelayo dejó escritas al respecto de esta controversia:

Realmente, la tradición de la venida de Santiago se remonta, por lo menos, al siglo VII; puesto que san Isidoro la consigna en el librillo *De ortu et obitu Patrum*, capítulos LXXI y LXXXI, y aunque algunos dudan que esta obra sea suya, es indudable que pertenece a la época visigoda. [...] Si a esto agregamos un comentario sobre el profeta Nahum, que se atribuye a san Julián y anda con las obras de los Padres Toledanos, tendremos juntas casi todas las autoridades que afirman pura y simplemente la venida del Apóstol a nuestra Península. Más antiguas no las hay, porque Dídimo Alejandrino en el libro II, cap. IV

De Trinitate, y san Jerónimo, sobre el capítulo XXXIV de Isaías, ni siquiera nombran al hijo del Zebedeo, diciendo solamente que un apóstol estuvo en España. [...] Los autores de la Compostelana no hacen mención de la venida. Temeridad sería negar la predicación de Santiago, pero tampoco es muy seguro el afirmarla. Desde el siglo XVI anda en tela de juicio.

En los inicios del siglo VIII un monje inglés, conocido como Beda el Venerable, informó sobre la posibilidad de que el cuerpo de Santiago estuviera enterrado en Galicia o en algún otro lugar del occidente peninsular. Poco después otro monje, en este caso francés, llamado Floro de Lyon, hace mención explícita de la *translatio*, y escribe que «el cuerpo de Santiago fue trasladado a los últimos confines de Hispania y puesto a salvo», siendo objeto desde entonces de *gran veneración*. Pero el texto medieval más antiguo donde se describe el milagroso traslado de los restos del Apóstol desde tierras palestinas hasta Galicia es la epístola *Noscat Vestra Fraternitas*, con la que el papa León III oficializó el descubrimiento del sarcófago. Esta epístola, a su vez, tuvo como modelo otro texto hoy perdido de inicios del siglo IX. De la epístola se conocen hasta cinco versiones. La primera, fechada entre finales del siglo IX y primeros del X, se conserva en la ciudad francesa de Limoges y fue redactada por miembros de la Iglesia de Compostela, quienes habían recabado la información a través de las leyendas transmitidas vía oral por las gentes del pueblo desde hacía siglos. Los peregrinos europeos se encargaron más tarde de difundir las distintas versiones del texto por todo el continente.

Se conocen al menos otros dos textos de esta época que narran la *translatio*. Uno de ellos es la llamada *Translatio Magna*, fechado en los inicios del siglo IX y hallado en el monasterio francés de Fleury-sur-Loire. El otro se encontró en el monasterio de Gembloux (Bélgica) y data de un siglo después. En ambos aparece un nuevo personaje, una dama de la mitología pagana local conocida como Lupa, que Santiago habría conocido en su viaje de apostolado por tierras gallegas y a quien sus discípulos pidieron permiso, una vez regresado el cuerpo del Apóstol a los mismos parajes, para realizar su enterramiento en un lugar seguro dentro del territorio que ella gobernaba. Dice la leyenda que ella no quiso en principio colaborar, pero que finalmente consintió en cederles unos toros bravos que tirasen de la pesada carreta que transportaba el sepulcro. Cuando vio que estos toros se transformaban en unos mansos bueyes, decidió proteger a los visitantes y cederles un espacio donde enterrar el cuerpo. Los discípulos pensaron entonces que lo mejor era dejar que los bueyes encaminasen sus pasos hacia el lugar que creyeran conveniente y dar por bueno el punto del camino en el que se detuvieran por sí mismos. Así lo hicieron. La yunta caminó durante dos o tres días y el cuerpo del Apóstol fue inhumado en el lugar en el que terminaron parando.

Otras versiones de la leyenda nos dicen que Lupa envió a los discípulos de Santiago a la corte del rey Duyos, enemigo declarado del cristianismo, quien los encerró en una mazmorra, de la que fueron liberados por la intercesión de un ángel. Según esta versión, fue el milagro de la aparición del ángel el que sirvió de acicate para convertir a la reina a la religión cristiana y que decidiera poner sus posesiones al servicio de los santos varones.

Sea como fuere, la realidad es que en los albores del siglo IX la ubicación del mausoleo ya había quedado completamente ignorada. De hecho, al finalizar el siglo VIII, el culto a Santiago estaba incluso más arraigado en el reino de Asturias que en tierras gallegas, ya que los asturianos creían que los poderes sobrenaturales atribuidos a Santiago les protegían de las invasiones musulmanas. En la década de los 80 de ese siglo se publicó en Asturias un texto titulado O *Dei Verbum*, un himno litúrgico en el que se habla de Santiago y se le invoca por primera vez como el patrón de España. Toda ayuda era poca con tal de levantar la moral de unos pobladores que se encontraban sitiados por las fuerzas islámicas y que en aquellos momentos constituían los últimos reductos de la España cristiana ante el imparable avance musulmán.

Fue entonces cuando se produjo el hallazgo del lugar de forma prodigiosa. Ocurrió durante el reinado de Alfonso II el Casto (791-842), mientras Teodomiro Gelmírez ocupaba el obispado de la diócesis de Iria Flavia. Este Teodomiro fue, por cierto, quien comunicó por primera vez de forma explícita que Santiago sufrió martirio en Jerusalén después de que regresara de su viaje a España. Todos los hechos relacionados con la localización del sepulcro del Apóstol se conocen como *inventio*, que en latín significa «hallazgo», y se produjeron entre los años 820 y 834. Hay varios documentos históricos que informan sobre estos hechos, en todos los casos entendidos como prodigiosos o milagrosos: la *Concordia de Antealtares* (1077), el *Cronicón Iriense* del siglo XI y los dos textos del siglo XII conservados en el archivo de la Catedral compostelana, la *Historia Compostelana* y el *Tumbo A*.

La historia del hallazgo de los santos restos del Apóstol en plena Edad Media es muy hermosa. Cuenta la tradición que un ermitaño que habitaba aquellos parajes, de nombre Paio (Pelayo), recibió una revelación y observó, junto con otros hombres piadosos del entorno, cómo en un monte llamado Libredón cada noche aparecían unas luminarias que parecían estrellas del cielo y que se movían como señalando un lugar determinado. Estos hombres observaron de cerca el fenómeno durante varias noches, y luego decidieron caminar los dieciocho kilómetros que separaban ese lugar de la sede episcopal de Iria Flavia (hoy la villa de Padrón) y le comunicaron la noticia al obispo Teodomiro Gelmírez, ejemplo de prelado mesurado y prudente. Ante la insistencia de los aldeanos, el obispo decidió aproximarse a aquel lugar tras dedicar antes unos días al ayuno y la meditación. Cuando finalmente llegó a la ubicación que le indicaron, pudo observar con sus propios ojos cómo era cierto que se movían las luces en aquel lugar del bosque. El obispo mandó desbrozar el monte en el punto señalado por las estrellas y en poco tiempo dieron con un claro en el que se hallaba una antigua necrópolis tardorromana formada por una robusta construcción de piedra que contenía en su interior un bello sepulcro de mármol. Era evidente que la sepultura era muy antigua y de origen cristiano, por lo que el prelado se hincó inmediatamente de rodillas y obligó a todos los presentes a que hicieran lo mismo, pues estaba seguro de que se hallaban ante los restos de uno de los primeros mártires del cristianismo. La construcción, realizada en granito de buena calidad, presentaba dos alturas. En la inferior hallaron tres sepulcros, con tres cuerpos cada uno, mientras que la superior tenía forma de pequeña capilla funeraria. También encontraron en su interior algunos objetos de época romana, como unas monedas, unos collares y los restos de un mosaico, probablemente procedentes de ajuares funerarios de los siglos IV o V.

En memoria de las circunstancias en que se produjo el milagroso hallazgo del sepulcro, se decidió llamar a aquel lugar el «Campo de las Estrellas», en latín *Campus Stellae*, nombre que, con el tiempo, se terminó transformando en el actual «Compostela». Giráldez puso muy pronto la noticia del descubrimiento en conocimiento del rey Alfonso, quien convocó a los hombres más sabios de su reino para que averiguaran a qué personaje podían pertenecer aquellos restos encontrados en el bosque. Uno de ellos era el todavía hoy famoso Beato de Liébana, un presbítero con fama de santidad que había escrito unos conocidos *Comentarios al Apocalipsis*, entre el 776 y el 789. Él fue el primero que puso sobre la mesa el nombre de Santiago, convencido de que era cierta la tradición que situaba a Jacobo predicando en España poco antes de su muerte. También fue del mismo parecer Beda el Venerable, nombrado con anterioridad, basándose en el *Breviario* y en los escritos de san Jerónimo del siglo IV, quien, por cierto, dio a conocer que había sido el mismo Espíritu Santo el que ordenó que cada uno de los apóstoles fuera enterrado finalmente en la tierra en la que había predicado la palabra de Dios.

La noticia del hallazgo llegó a oídos del papa León III, que tiene un lugar en la historia por ser quien coronó a Carlomagno como emperador en Aquisgrán. El papa decidió oficializar el milagro con la publicación, en torno al año 800, de la epístola *Noscat Vestra Fraternitas*. Alfonso II, considerado el primer rey peregrino de España, recorrió el actual Camino del Norte y llegó a Compostela, donde levantó enseguida una humilde iglesia en el mismo lugar donde se había hallado el sepulcro del Santo, para que sirviera como santuario de peregrinaje, consolidando así el llamado *Locus sancti Iacobi* («Lugar de san Jacobo»), nombre que tuvo este enclave hasta que tomó el de Santiago de Compostela.

Esta iglesia, que se llamó de Antealtares, se componía de una sola nave que ocupaba un espacio similar al del actual altar mayor. Se consagró en torno al año 834, y después fue ampliada por Alfonso III el Magno (866-909), ya a finales del siglo IX. Esta nueva basílica se consagró el 6 de mayo del año 899. Alfonso fue quien trasladó la capital del reino astur desde Oviedo hasta León y fue un firme promotor del culto jacobeo, por lo que no dudó en hacer una visita en persona en el año 874, en la que ofreció al templo una gran cruz griega de madera ricamente labrada en oro, que durante siglos fue objeto de veneración hasta que fue robada en 1906. Un siglo después el misterio del robo seguía sin resolverse, por lo que se decidió realizar una réplica, que es la que se puede observar en nuestros días dentro de la Catedral.

A pesar de las ampliaciones realizadas en tiempos de Alfonso III, la iglesia pronto se volvió a quedar pequeña, por lo que a finales del siglo IX el obispo Sisnando I solicitó al rey la construcción de un nuevo templo, de mayor tamaño y con mejores calidades. Poco después se inició la edificación de un nuevo santuario de considerables proporciones sobre el ya existente. Esta segunda basílica prerrománica fue finalizada en el año 896 y se consagró tres años después con presencia de los reyes. Era una construcción típica del prerrománico asturiano, con tres naves levantadas con granito, la central más ancha y las laterales más angostas, separadas entre sí por pilastras. El sepulcro del Santo se ubicó en el ábside central y lo rodeaba un pasillo de forma circular. Su tamaño era bastante notable, de manera que llegó a ser la iglesia más grande del cristianismo hasta el siglo X.

El lugar se convirtió de forma inmediata en objeto de enorme veneración y allí empezaron a llegar creyentes de todos los lugares para rendir homenaje a los restos de Santiago, cristianos a los que había llegado la noticia de que, en un apartado lugar de las costas atlánticas de la Península, literalmente en el «fin del mundo», se había hallado un sepulcro con los restos del apóstol Santiago, uno de los preferidos de Jesucristo. El *Leccionario Complutense* nos habla de la forma en que aquellos pioneros del Camino entraban en la iglesia de Santiago:

Hay noticia de que, en las primeras peregrinaciones que vinieron de Europa, los peregrinos, por dar mayor honra al Santo, entraban en el Santuario de rodillas, y esa costumbre se conservó hasta el año de gracia del 1095 en el que, trasladado el sepulcro a Compostela, ya no fue posible caminar de esa manera por las calles de la ciudad, lo cual no obsta para que algunos peregrinos, de los más devotos, así que avistan la ciudad santa desde el monte del Gozo, hincan rodillas en tierra y sobre ellas caminan según la penitencia que quieran cumplir. Otros las hincan en la plaza porticada, pero en la basílica entran de pie para poder abrazar al Santo.

Muchos llegaban de Francia, otros de Alemania o de países incluso más lejanos. Algunos se quedaban después en Compostela o en distintos puntos del Camino para servir de guía a los nuevos que iban llegando. Otros regresaban a sus lugares de origen y allí contaban las maravillas que habían contemplado en el «fin del mundo» y cómo el Santo obraba prodigios e incluso sanaciones en los fieles enfermos que peregrinaban hasta allí para rogarle por su curación.

La palabra española «peregrino» procede del latín *peregrinus*, formada por los términos *peregre* (hacia el exterior) y *ager* (campo o país), es decir, algo así como «el que se marcha de su procedencia hacia otro lugar». Se dice que el primer peregrino extranjero fue un tal Bretenaldo, que llegó a Compostela en el año 922. Fue famosa la peregrinación de Gotescalco, obispo de Le Puy-en-Velay (Aquitania, Francia), quien viajó en torno al 950, rodeado de una nutrida comitiva, para solicitar la protección de Santiago. Así mismo, está documentada la peregrinación de Hugo de Vermandois en el 961, entonces obispo de Reims (Francia). A finales del siglo X sabemos que también peregrinó Cesáreo, el que fue abad del monasterio de Santa Cecilia de Montserrat (Cataluña), quien aprovechó para solicitar a la mitra compostelana su apoyo para conseguir el obispado de Tarragona, cargo que, por cierto, no consiguió por la oposición de sus colegas catalanes.

Estos fueron los primeros peregrinos de una ruta que no ha dejado de desarrollarse hasta nuestros días y que, junto con los destinos de Jerusalén y Roma, conforma uno de los principales lugares históricos del peregrinaje cristiano. Con ellos se forjó un milagro que ha pervivido durante nueve siglos y que ha trascendido lo religioso para convertirse también en un fenómeno social, histórico y cultural: el Camino de Santiago. En esos momentos nació, de igual manera, la imagen iconográfica de Santiago el Mayor que ha perdurado hasta nuestros días y que nos lo muestra con el sombrero de ala ancha que lo protegía del sol inclemente del camino, el bastón, la capa y el bordón de peregrino, la esclavina, el zurrón, la concha de vieira con la que recogía agua para beber directamente de las fuentes y arroyos, la calabaza en la que almacenaba el agua con la que hidratarse durante las largas jornadas a pie y el rollo del Evangelio. Esta imagen representa a un apóstol en itinerancia permanente y anunciando la buena nueva a la cristiandad y descubre en cierta manera las raíces de nuestra fe. Es su indumentaria clásica, que han imitado total o parcialmente miles de peregrinos de épocas posteriores, una especie de hábito donde la tradición se ha impuesto a lo que se supone nos resulta hoy más cómodo o adecuado. Se suele también representar al Apóstol calzando unas modestas sandalias, aunque muchos de los fieles antiguos realizaban todo el Camino descalzos.

Por aquellos días, la peregrinación no tenía nada que ver con lo que hoy entendemos por turismo, es decir, el desplazamiento a lugares más o menos lejanos buscando el entretenimiento o el placer. Quien decidía iniciar la ruta sabía que afrontaba serios peligros y seguras incomodidades, por lo que, aunque sintieran la atracción y el vértigo que produce el inicio de una aventura, esta determinación solo puede entenderse desde la fe y, en todo caso, como una manera de adquirir nuevos conocimientos, una experiencia necesaria o un prestigio útil para otros propósitos.

Los fieles llegaban en un número cada vez mayor, procedentes de lugares cercanos, pero también de todos los rincones de Europa. Acudían a una llamada espiritual, aunque también solicitaban curaciones u otro tipo de beneficios espirituales, buscaban una mejora en sus cuerpos o en sus almas y presentaban en todos los casos una enorme devoción. Alrededor del santuario comenzó a nacer una nueva ciudad, que años después terminaría tomando el nombre de Santiago. Se construyó entonces, junto a la iglesia, el monasterio de Antealtares, para que los monjes que custodiaban las reliquias y organizaban el culto tuvieran dónde alojarse. Se creó asimismo un cementerio anexo y comenzaron a trabajarse los campos de labor cercanos donados por el monarca. Algunas familias decidieron asentarse allí de forma definitiva, para lo que edificaron sus propias viviendas. Este hecho estimuló el comercio con los habitantes del asentamiento y los muchos peregrinos, con lo que la economía de la comarca empezó a desarrollarse de forma exponencial. A comienzos del siglo X ya podemos hablar de la existencia de una urbe incipiente que contaba incluso con una pequeña muralla defensiva, en cuyo exterior se construyó el primer monasterio de San Martín Pinario y la iglesia de la Corticela, fechadas en el año 921. Con el tiempo ambas construcciones pasaron a formar parte de la gran Catedral.

Por aquellos tiempos, una extensa zona del territorio peninsular había sucumbido al dominio árabe. El hallazgo de la tumba del Apóstol llegó pronto hasta los oídos de los dirigentes musulmanes y les empezó a preocupar el prestigio que el santuario compostelano estaba consiguiendo en todo el continente europeo. Con el objetivo de neutralizar esta pujanza que estaba adquiriendo el culto jacobeo, el caudillo Almanzor consiguió llegar hasta Santiago, partiendo desde la ciudad de Córdoba, y no paró hasta causar grandes daños en la ciudad, aunque por fortuna no pudo impedir que el templo continuara creciendo en los años venideros. Tan solo consiguió que se interrumpiera de forma eventual el flujo incesante de peregrinos procedentes de todos los países, pero este flujo ya era imparable.

VI

La construcción de la Catedral románica de Santiago se inició en el año 1075, tomando como punto de partida el templo construido por Alfonso III. La decisión de crear esta obra magna de la arquitectura mundial fue tomada por su sucesor Alfonso VI de León y Castilla (1014-1109), apodado el *Bravo*, aunque la idea inicial fue del obispo compostelano Diego Peláez. Era imprescindible ampliar el espacio que la ciudad debía dedicar al culto, ya que así lo aconsejaba el éxito creciente que estaba tomando el Camino y el consiguiente flujo continuo de fieles que llegaba cada día a la ciudad. Además, convenía contar con un gran templo que propiciara una mayor proyección de la ciudad en toda Europa y atrajera aún más visitantes. La Catedral se concibió desde su origen como una construcción magnífica, sobresaliente, una de las mayores y más sofisticadas de las que se levantaron en Europa durante la Edad Media. El presbiterio se edificó sobre las ruinas demolidas de la capilla original y a partir de este se empezó a levantar todo el edificio. A su alrededor se formó y creció con rapidez la población de Santiago de Compostela, que por aquel entonces todavía se continuaba llamando *Locus sancti Iacobi* («Lugar de san Jacobo»). Se siguió el modelo de algunas iglesias de peregrinaje ubicadas en Francia. Por eso cuenta con una gran girola, que facilita el tránsito de los peregrinos por su interior. La mayor parte del edificio se levantó durante el obispado de Diego Gelmírez, quien ordenó también levantar un palacio anexo y un nuevo hospital de recepción de caminantes.

Este Diego Gelmírez fue el primer arzobispo de Compostela, entre 1100 y 1140, y uno de los artífices del crecimiento del Camino en el siglo XII. En cuanto fue nombrado por el papa Calixto II, se dedicó a reorganizar toda la estructura eclesiástica de su arzobispado, preparándolo para asumir los desafíos que se avecinaban. No paró hasta conseguir que su diócesis fuera reconocida como «sede metropolitana» en 1120 y tuviera mandato sobre toda Galicia, parte de Castilla-León y el norte de Portugal. También logró frenar los avances musulmanes que llegaban del sur y protegió con inteligencia las urbes de Compostela y Padrón, no solo de los seguidores del islam, sino también de las revueltas burguesas que se produjeron en la sede episcopal en la primera mitad del siglo. Cuando murió, Compostela ya era uno de los más relevantes centros del occidente medieval, no solo en el plano espiritual, sino también en los aspectos económico, cultural y político.

El siglo XII fue, por lo tanto, uno de los momentos de mayor esplendor del Camino de Santiago, gracias a los trabajos de Gelmírez y a las inversiones procedentes de los distintos reyes cristianos de esa época y de algunos devotos particulares que invirtieron en esta causa parte de sus fortunas. En 1105 la tradición de la *translatio* fue aceptada oficialmente por el papa Pascual II. Unos años después, en torno a 1140, se publicó el *Códice Calixtino*, en cuyo libro III se cita a Teodoro y a Atanasio y se confirma que el puerto de partida de la *translatio* había sido el de Jaffa. Todos estos hitos colaboraron en el rápido crecimiento del santuario y de la ruta jacobea.

El *Códice Calixtino* es el texto documental más relevante del fenómeno jacobeo. El original se conserva en la Catedral desde el siglo XII, aunque ha sufrido diversas vicisitudes, como el mediático robo del año 2011 por parte de uno de los trabajadores del templo. Afortunadamente se pudo recuperar solo unos meses después de su desaparición. Es una obra colectiva, aunque hay quien atribuye su autoría al papa Calixto II. Consta de cinco libros, dedicados respectivamente a textos litúrgicos sobre Santiago, a sus milagros, a la *translatio*, a los empeños de Carlomagno por liberar el Camino en su época y a una serie de consejos para realizarlo, por lo que este quinto libro del *Códice* se considera la primera guía del peregrino en la Edad Media.

Otros textos importantes relacionados con Santiago y el Camino que se conservan en la Catedral son una valiosa crónica titulada *Historia Compostelana*, y los *Tumbos A, B y C* del templo compostelano, unos cartularios que contienen documentos fundamentales de entre los siglos XII y XV. Por otra parte, sabemos que la Iglesia apostaba cada vez con más fuerza por la difusión del peregrinaje a Compostela, dados los enormes réditos económicos y evangelizadores que le estaba proporcionando. Fue en este siglo, por ejemplo, cuando el constructor san Juan de Ortega, un discípulo de santo Domingo de la Calzada, levantó algunos de los puentes más relevantes de la ruta jacobea y fundó un santuario, con su propio nombre, que acogía a decenas de peregrinos en la provincia de Burgos.

En los últimos años del siglo XII la *translatio* estaba ya comúnmente aceptada y se había difundido por todos los confines de Europa. A ello contribuyó el francés Jean Béleth, quien habla en sus obras del traslado del cadáver de Santiago, o algunos otros escritos como la *Leyenda Áurea*, datada en el siglo XIII y firmada por el italiano Santiago de la Vorágine. Ambos tomaron como referencia el Libro III del *Códice Calixtino*. Fue en estos años, por otra parte, cuando se levantó la portada oeste de la Catedral, la que da a la Plaza del Obradoiro, que incluye el celebérrimo Pórtico de la Gloria, un conjunto de fantásticas esculturas que representan la Salvación, creado por el Maestro Mateo por encargo del rey Fernando II en 1168. Cuando las obras del Pórtico finalizaron en 1211, se consagró la Catedral el día 21 de abril, en un acto solemne presidido por el rey Alfonso IX y oficiado por Pedro Muñiz, arzobispo de

Santiago. Este Alfonso IX peregrinó cuatro veces al sepulcro del Apóstol, convirtiéndose así en uno de sus devotos más relevantes.

Hay noticias de muchos otros peregrinos notables en esta época, procedentes de los más altos estamentos sociales y económicos de países como Inglaterra, Francia, Flandes o Italia. Habría que destacar el paso por Compostela del rey francés Luis VII en 1150, o la del duque Guillermo X de Aquitania en 1136. Parece ser que una hija del rey Enrique I de Inglaterra pasó también por allí y se cuenta que volvió a su país con una de las manos del Apóstol como reliquia. Llama la atención los nueve viajes que realizó una peregrina italiana llamada Bona de Pisa, quien, por este motivo, fue nombrada en 1962 por el papa Juan XXIII patrona de todas las azafatas de vuelo.

En Europa, Santiago el Mayor fue durante toda la Edad Media el más conocido y popular entre los doce apóstoles, gracias al culto creciente que iba alcanzando su figura. Ya hemos visto cómo en esta época empezaron a proliferar, por ejemplo, tanto en los alrededores de la Catedral como a lo largo del Camino, una gran cantidad de «hospitales», iglesias, ermitas, conventos y monasterios que servían para dar cobijo a una multitud de peregrinos cada vez más abundante. Durante los siglos XI al XV la peregrinación al sepulcro de Santiago creció exponencialmente, respaldada por instituciones tan potentes como la misma monarquía, muchas órdenes religiosas y monacales, o mecenas tan conocidos como san Juan de Ortega o santo Domingo de la Calzada. Tanto fue así que incluso se le asignó a este peregrinaje carácter de obligatoriedad en Europa y solo el Papa tenía la potestad de dispensar del voto de realizar el Camino para los cristianos.

En esta época del Medioevo todo era propicio para que la avalancha de fieles aumentara a diario, empujada por una religiosidad vivida en todo el continente con especial devoción y por una visión del mundo proclive a este tipo de creencias. Además, eran tiempos peligrosos para efectuar las otras dos principales rutas de peregrinaje cristianas: Roma y Jerusalén, por lo que muchos fieles elegían transitar una ruta jacobea que percibían más segura. No obstante, también se produjeron durante este período algunas crisis de afluencia de peregrinos, debidas a las distintas guerras que se libraban en Europa o a las frecuentes epidemias de distintas enfermedades, sobre todo de peste.

Las rutas que llevaban hasta Compostela partían de todas las ciudades europeas e iban a parar a dos puntos pirenaicos: Roncesvalles (Navarra) y Somport (Aragón). Desde estos dos lugares se creó el denominado Camino Francés, que transcurre aún hoy hasta tierras compostelanas. A Roncesvalles llegaban las rutas jacobeas procedentes de Le Puy, París y Vézelay, mientras que por Somport pasaban quienes habían partido de Arlés-Toulouse. Este tramo que pasa por Somport es también conocido como Camino Aragonés. Toda esta información está documentada en el libro V del *Códice Calixtino*. Las dos vías confluyen aún hoy en Puente la Reina (Navarra) y desde allí continúa un único recorrido hasta Santiago.

En estos años muchos reyes gastaron enormes cantidades de dinero en acondicionar cada vez mejor la red viaria, crear puentes y edificar nuevos hospitales y edificios religiosos a lo largo del Camino. También favorecieron el peregrinaje, otorgando diferentes beneficios económicos a los caminantes y a los monasterios integrados en el itinerario. Hay que destacar entre estos monarcas benefactores a Sancho III el Mayor de Navarra (1000-1035), quien construyó el denominado Puente la Reina sobre el río Arga en Navarra y fundó el Monasterio de San Juan de la Peña en Jaca (Huesca). Por otra parte, Alfonso VI el Valiente de Castilla y León (1065-1109) favoreció con sus acciones el fortalecimiento del Camino e impulsó, como ya vimos, la construcción de la Catedral de Santiago y otras edificaciones, como el hospital de peregrinos de O Cebreiro (Lugo). Por último, Sancho I de Aragón (1063-1094) también puso en marcha numerosas iniciativas que favorecieron el desarrollo del Camino y mejoraron su seguridad, además de ordenar la construcción de la Catedral de Jaca en 1076.

Hay bastantes otros itinerarios, además del clásico Camino Francés. Por ejemplo, tiene mucha reputación el llamado Camino Astur-Galaico, también conocido como Camino Norte del Interior y, desde hace poco tiempo, como el Camino Primitivo. Es el que llega a Santiago partiendo de Oviedo (Asturias), recordando el que para muchos fue el primer peregrinaje a Santiago de la historia, el que hizo el rey Alfonso II en el siglo IX.

El tradicional Camino Norte o Camino de la Costa se inició a mediados del siglo XII, bajo el reinado de Alfonso VIII de Castilla, y fue uno de los más transitados en el siglo siguiente, especialmente durante el reinado de

Alfonso X el Sabio (1252-1284). Se conservan documentos que confirman el peregrinaje de bastantes creyentes foráneos por la costa cantábrica en esos años, que dieron pie a la creación de algunos hospitales y templos a lo largo de toda esa ruta. En los siglos XIV y XV se utilizó mucho este camino para evitar las guerras que se desarrollaban en territorio francés, ya que los peregrinos llegaban por mar hasta alguno de los puertos vascos y desde allí enganchaban con esta ruta. En Arzúa (La Coruña) este camino se junta con el Camino Francés procedente de los Pirineos.

También tiene mucha relevancia el llamado Camino Portugués, muy utilizado por los lusos, especialmente desde el siglo XII. Peregrinos de primer orden por esta vía fueron, por ejemplo, los reyes Isabel de Portugal en 1325 y Manuel I el Afortunado en 1525. Hay varias rutas, pero la principal es la que parte de Lisboa y pasa por ciudades importantes como Coimbra y Oporto. El Camino Mozárabe o Vía de la Plata existe desde el siglo XIII y trae peregrinos desde distintas zonas del sur occidental peninsular hasta Astorga, donde se unifica con el Camino Francés. Por otra parte, el Camino Inglés es el único que comienza en la misma Galicia, ya que siempre ha sido utilizado por peregrinos que llegaban a nuestras tierras por mar, sobre todo procedentes de puertos ingleses.

Por último, la moderna ruta jacobea del Mar de Arousa y río Ulla fue creada en 1965 por un grupo de próceres encabezados por el historiador José Luis Sánchez Agustino, con el propósito de recordar la *translatio*, el viaje milagroso del cuerpo de Santiago desde Jaffa hasta Iria Flavia. Por eso también se conoce como Ruta de la *translatio*. Es un itinerario marítimo que recorre las distintas poblaciones de la ría de Arousa. En 1991 recobró mayor importancia a raíz de la participación en ella de los por entonces reyes de España, Juan Carlos I y Sofía.

Desde los tiempos medievales hasta hoy se ha conservado una tradición que consiste en prolongar el viaje, una vez alcanzada la meta compostelana, hasta el santuario del Santo Cristo de Finisterre, el de Nuestra Señora de la Barca en Muxía o la villa de Padrón, enclave fundamental para conocer los orígenes del mito jacobeo. Esta costumbre fue puesta en marcha por algunos de los primeros peregrinos, que seguían caminando hasta la Costa da Morte, fascinados por hollar con sus pies lo que entonces se consideraba el fin del mundo conocido.

VII

En el siglo XIII el fenómeno jacobeo siguió expandiéndose, favorecido en esta ocasión por las enseñanzas de san Francisco de Asís, quien apostó por la renovación espiritual de la Iglesia, acordada en el Concilio de Letrán, que podía alcanzarse realizando la peregrinación compostelana. Este fue el motivo por el que los franciscanos se instalaron también en el Camino y hay quien cree que el mismo san Francisco realizó la ruta hasta Santiago en algún momento de este siglo, como lo hicieron el caballero mallorquín Raimundo Lulio en 1261, el rey Luis IX de Francia (entre 1214 y 1270), el rey Alfonso II de Portugal en 1220 o el excelso poeta italiano Guido Cavalcanti en 1280. El beato Novelone, natural de la ciudad italiana de Rávena, realizó el Camino once veces descalzo y por las noches se dedicaba a reparar el calzado de otros peregrinos, por lo que fue nombrado el patrón de todos los zapateros y los curtidores.

Fue en este siglo cuando se empezaron a otorgar las primeras credenciales, que verificaban la autenticidad de los peregrinos, los ayudaban a identificarse y los protegían de determinados peligros. Estos salvoconductos eran muy variados en forma y contenido y solían dispensarlos las iglesias de los distintos países europeos, las autoridades civiles o monárquicas y otros organismos y personalidades. Algunos caminantes era habitual también que portaran cartas de recomendación personalizadas, expedidas por entidades notables, que les proporcionaban una seguridad todavía mayor y una protección más directa.

El siglo XIV fue una centuria complicada, debido a las guerras y a la aparición de una brutal epidemia de peste en varios puntos de Europa, lo que trajo consigo grandes hambrunas y un descenso en el número de peregrinos a pie que llegaban hasta Santiago, aunque se incrementaron notablemente las peregrinaciones marítimas que accedían a Galicia a través del puerto coruñés. Además, en 1378, se produjo el famoso Gran Cisma de Occidente, que acabó con la coexistencia de dos papas, uno en Roma y otro en Aviñón (Francia), y esto afectó también al flujo de peregrinos tanto a Santiago como a la ciudad papal. No obstante, algunos fieles de renombre llegaron a Compostela a lo largo de este siglo, como el rey Alfonso IX de Castilla en 1332, la reina Isabel de Aragón en 1325 o la célebre santa Brígida de Suecia en 1343.

Durante toda la Edad Media, el Camino se fue transformando en un espacio sagrado en el que los peregrinos buscaban asegurarse un lugar en el cielo cuando llegara su hora, como premio a las penalidades que iban sufriendo en cada una de sus etapas. El primer «Año Santo Compostelano» se celebró a comienzos del siglo XV. La institucionalización de este evento supuso un estímulo para dinamizar el Camino, buscado por parte de la Iglesia. Desde entonces, cada vez que el día 25 de julio cae en domingo se vuelve a celebrar uno de estos años jubilares, llamados así porque los que realizan el Camino en ese año se ganan el correspondiente «jubileo», es decir, indulgencias plenarias dispensadas por la Iglesia católica. Estas indulgencias son una gracia que la Iglesia añade para el perdón de los pecados cometidos, lo que es algo muy serio para todos los creyentes tanto en la Edad Media como en nuestros días. Los años jubilares se inician desde entonces la tarde del 31 de diciembre con la apertura de la Puerta Santa y se celebran durante los siguientes 365 días hasta que el año jubilar concluye.

El siglo XV fue un nuevo momento de crecimiento en el fenómeno jacobeo, como consecuencia de la recuperación económica, cultural y demográfica que se produjo en Europa. En esta centuria se potenció especialmente la imagen de Santiago como guerrero del cielo, combatiendo de forma directa junto a los caballeros cristianos en las batallas contra los musulmanes. Por ese motivo, están documentados en esta época numerosos viajes a Compostela de caballeros peregrinos que viajaban hasta la Catedral para implorar al Santo ayuda en sus contiendas y su mediación para cuando llegase la hora de que su alma fuese juzgada. Su origen era de lo más diverso: flamencos, italianos, franceses, ingleses, alemanes y, por supuesto, castellanos y aragoneses. También peregrinaban numerosos burgueses de todos estos países. En Estrasburgo se publicó para ellos en 1495 la que se considera que es la primera «guía» del Camino para fieles alemanes, escrita por el monje Hernann Künig von Vach.

El XVI fue, sin embargo, un siglo importante pero problemático en la historia del Camino, pues en su transcurso se cuestionó de forma bastante seria y documentada la tradición jacobea al completo y, especialmente, la *translatio*, de tal forma que, ya entrado el siglo posterior, se llegó a desestimar eventualmente de forma oficial el patronato de España para Santiago. La situación llegó a tal punto que, a finales de ese siglo, Juan de San Clemente, a la sazón arzobispo de Santiago, tomó la decisión de volver a ocultar el cuerpo del Apóstol, junto con otras piezas de valor, con la excusa de tomar precauciones ante la inminente llegada del pirata inglés Francis Drake a la ciudad. Hay que recordar que en aquel tiempo era común que los enemigos religiosos se ensañaran con los objetos de culto del bando contrario cuando conquistaban una ciudad y, al ser los ingleses protestantes, era probable que hubieran profanado las reliquias de llegar a encontrarlas. El lugar elegido fue un nicho que se excavó a conciencia tras el altar mayor. El arzobispo fue tan hábil a la hora de esconder los cuerpos que no volvieron a aparecer hasta tres siglos después, como veremos más adelante.

Pero lo que más influyó en esta decisión fue la fuerza con que la Reforma protestante avanzó por toda Europa a lo largo del siglo. En efecto, Lutero, el creador y líder de este movimiento, tenía el firme propósito de acabar con algunos usos del cristianismo tradicional, como el excesivo culto a las reliquias o las indulgencias otorgadas por el Papa, por lo que en muchos lugares del viejo continente dejó de estar bien visto realizar peregrinaciones, como la que representaba el Camino de Santiago. Para Lutero, la única forma de conseguir la salvación espiritual era a través de la fe, por lo que no tenían sentido los actos en los que se solicitaba el perdón de los pecados si no había detrás una demostración de fe auténtica. Esto hizo que el flujo de fieles desde Alemania, los Países Bajos, los países escandinavos o Inglaterra decayera de forma notable. El rey inglés Enrique VIII llegó incluso a prohibir de manera formal el peregrinaje a Santiago, prohibición que sobrevivió hasta el pasado siglo XX.

No obstante, en el siglo XVI también el Camino continuó disfrutando entre sus peregrinos de personajes tan célebres como Juan de Austria o Gonzalo Fernández de Córdoba, el Gran Capitán, quien realizó el viaje en 1512 e hizo entrega a la iglesia de una lámpara de plata para que permaneciera iluminada de forma perpetua dentro del camarín del Apóstol. Pocos años después ocurrió un hecho determinante, y es que el cardenal César Baronio admitió en público la veracidad de la predicación de Santiago en la península ibérica en el tomo I de sus *Anales*, pero luego la puso seriamente en duda en el tomo IX. Además, convenció al papa Clemente VIII para que modificara el rezo de san Pío V, relativo a Santiago, donde se consignaba la tradición de forma clara. Esto hizo que el papa se uniera a esta hipótesis negacionista, lo que conllevó la consiguiente impugnación a Baronio de muchos creyentes españoles, pero el daño ya estaba hecho.

Uno de estos creyentes fue el teólogo e historiador Juan de Mariana (Talavera, 1536-1624), quien escribió poco después del escrito de Baronio un tratado titulado *De adventu Beati Jacobi Apostoli in Hispaniam*, en el que rebate sus objeciones «con elegancia, método y serenidad de juicio», como afirma Menéndez Pelayo. Un jesuita que vivió por esos mismos años, llamado Cornelio Lápide, fue de los muchos sabios extranjeros que certificó por entonces la tradición con estas palabras: «Una tradición universal inmemorable, no solo de España, sino también de los fieles de todas partes, que nadie puede contradecir». Estas fueron algunas de las muchas voces que se alzaron en aquel siglo a favor de la veracidad de la *translatio*, tantas que finalmente el papa Urbano VIII se vio forzado a reconfirmar de forma oficial la tesis que atestiguaba como cierta la llegada de Santiago a España, restituyendo el rezo a su estado primitivo, lo que no ha evitado, sin embargo, que hayan continuado surgiendo continuas polémicas al respecto, que han existido desde los albores del cristianismo y que todavía nos acompañan tantos siglos después. Pero ya esto ocurrió en el siglo siguiente, a principios del XVII, como veremos más adelante.

A mediados de siglo, el Concilio de Trento (1545-1563) ya había reactivado de alguna manera el culto a las reliquias de santos y otras devociones cristianas, que habían sido frenadas por el protestantismo en algunos países europeos, por lo que el número de peregrinos volvió de nuevo a crecer, a pesar de que los restos del Santo seguían ocultos. Fue el momento de la llamada Contrarreforma. A finales del siglo XVI, sin embargo, seguían surgiendo voces en contra. El arzobispo de Toledo García Loaysa y Girón (Talavera de la Reina, 1534-1599), para defender la mayor importancia de su arzobispado frente al de Santiago, publicó un escrito apócrifo del siglo XIII encontrado en un manuscrito del archivo de aquella Catedral. En ese escrito, el arzobispo de Toledo, don Rodrigo, en el IV Concilio de Letrán (1215), decía que la llegada del Apóstol a España y su posterior predicación eran «consejas que había oído contar de niño». Sin embargo, pronto se descubrió que el tal Rodrigo nunca pudo decir tal cosa, pues ni siquiera había estado presente en aquel Concilio. Polémicas interesadas en muchos casos, como podemos deducir de lo ocurrido con este arzobispo.

Ajenos a estos vaivenes, la Iglesia y la Corona españolas continuaron potenciando la urbe compostelana durante el siglo XVI y mejorando los servicios que se ofrecían a los peregrinos. Fue en estos años, por ejemplo, cuando se inauguró el Hospital Real de Santiago, que servía para auxiliar a los caminantes que llegaban enfermos o no tenían medios para su subsistencia. Muy cerca se edificó el Colegio de Teología, Artes y Cánones, germen de lo que hoy es la Universidad de Santiago. La misma Catedral también creció con la construcción de un nuevo claustro de estilo renacentista y nuevas capillas. Además, se edificó un nuevo coro, se reformó el presbiterio y se estrenaron nuevos retablos. En 1529 se decidió cerrar por las noches las puertas de madera de la Catedral para evitar los entonces habituales escándalos y hechos delictivos, lo que conllevó que el Pórtico de la Gloria pasase a ubicarse en un espacio cerrado, como permanece hasta hoy mismo.

El siglo XVII y parte del XVIII fueron los años de apogeo del arte barroco en toda Europa. La exuberancia en los ornamentos y la arquitectura que caracteriza a este período histórico-artístico ayudó a enriquecer la Catedral compostelana y otras iglesias del Camino, además de mejorar el acondicionamiento urbanístico de las vías y urbes por las que atraviesa. Donde mejor se aprecia esta mejora es en la apariencia del altar mayor, dotado desde entonces de un magnífico retablo y de un camarín donde los peregrinos pueden abrazarse con la imagen de Santiago.

El siglo XVII español fue la centuria del pesimismo, después del apogeo como país alcanzado en el siglo anterior, lo que trajo consigo de forma tangencial un nuevo desarrollo del culto a los santos y un nuevo auge de las peregrinaciones cristianas como la jacobea. También es el siglo de la picaresca, lo que propició que en el Camino convivieran los fieles auténticos con los llamados «gallofos», vagabundos que simulaban ser verdaderos creyentes para recibir cada día un plato de «gallofa», una especie de sopa con pan migado que se ofrecía a los peregrinos en los hospitales del recorrido jacobeo, y disponer también de un techo con el que cobijarse de las inclemencias meteorológicas. Estos gallofos llegaron a ser tantos que causaban muchos problemas de orden público, por lo que se les empezó a perseguir y a reclutar de forma forzosa para los tercios españoles o para la marina. En Francia, y para evitar que llegasen muchos de estos falsos peregrinos desde el país vecino, el rey Luis XIV decretó que ninguno de sus ciudadanos pudiese viajar a España si no era con una aprobación expresa otorgada por las autoridades galas.

Un rey que favoreció mucho el fenómeno compostelano en el siglo XVII fue Felipe III el Piadoso, hijo de Felipe II, quien atribuyó a la intercesión del Apóstol el éxito con que se llevó a cabo la expulsión de los moriscos en 1609. En agradecimiento, el rey regaló a la Catedral una serie de valiosos objetos y el arzobispado instituyó a cambio las fiestas de San Felipe apóstol y Santa Margarita. Es también en el siglo XVII cuando Santiago dejó de ser por un tiempo patrono de España. Todo se debió a una agria polémica en el seno de la Iglesia, por la que se produjo un claro enfrentamiento entre un sector más conservador, claramente partidario de Santiago, y otro más místico e intimista, apoyado por gran parte de la nobleza, que era más seguidor de santa Teresa de Jesús, a quien consideraban poco valorada y menos belicista que nuestro apóstol. En 1618 Felipe III estuvo a punto de decidir que ambos santos compartieran el patronato de España, pero la iniciativa no llegó a cuajar. Sin embargo, el papa Urbano VIII nombró patrona de España a la santa de Ávila en 1627. Esta decisión fue muy protestada por muchos intelectuales españoles, entre los que se contaba Francisco de Quevedo, por lo que el papa tuvo que echarse atrás tres años después y todo quedó como estaba. Además, Urbano volvió a incluir de forma definitiva en el *Breviario* (que recordemos es el libro que contiene el rezo eclesiástico del año entero) todo lo relacionado con la predicación del Apóstol en España y con la *translatio*, episodios que había retirado el papa Clemente VIII en los últimos años del siglo XVI. El culto a Santiago volvió, por lo tanto, a ser universal, y se garantizaba de nuevo una gran difusión del santuario compostelano y del Camino jacobeo en toda Europa.

El XVIII fue el siglo en el que se impuso de forma progresiva la Ilustración. El racionalismo que se implantó en todos los órdenes en aquella época supuso una inevitable decadencia del Camino, a la que contribuyó de forma apreciable la enorme cantidad de delincuentes y pedigüeños que se seguían infiltrando sin medida entre los auténticos peregrinos. Hay que decir que en gran parte esta invasión de falsos fieles fue propiciada por los poderes civil y eclesiástico, ya que era costumbre condenar a algunos malhechores con la obligación de realizar la ruta jacobea, con el fin de aliviar la saturación en las cárceles de toda Europa. Curiosamente, esta especie de conmutación de una pena de cárcel por el peregrinaje forzoso a Compostela se sigue manteniendo hoy día en algunos países como Bélgica.

A lo largo de este siglo se publicaron en Francia e Italia algunas de las mejores guías históricas de la ruta jacobea. Habría que destacar la escrita por Domenico Laffi en 1719, en la que habla de manera bastante prolija de las tradiciones del Camino, además de realizar un curioso retrato de la sociedad española de aquel momento histórico. En el texto aparecen, por ejemplo, diversos elementos gastronómicos, sociales y costumbristas. También son reseñables las guías escritas por los franceses Jean Pierre Racq y Guillaume Manier y la del italiano Nicola Albani.

La nueva epidemia de peste de finales del siglo XVIII y la consiguiente hambruna que produjo, junto con la Revolución francesa, las distintas guerras que se libraron en todo el continente y las crecientes protestas anticlericales procedentes de un gran número de intelectuales ilustrados, llevaron a una profunda crisis en el Camino y a un descenso muy acusado del número de peregrinos. La Iglesia compostelana vio reducidos de forma considerable sus ingresos, hasta el punto de que el arzobispo Sebastián Malvar ideó un plan para reactivar la economía en la Catedral, pero falleció de forma inesperada en 1795, antes de que este plan se pusiese en marcha. Al menos sí dio tiempo antes de esa fecha a edificar la actual fachada barroca del Obradoiro, que sustituyó a la antigua fachada románica, con sus imponentes setenta y cinco metros, que hoy día es la imagen icónica de la Catedral y de toda la ciudad. En la segunda mitad de este siglo también se edificó la fachada de la Azabachería, que ya incorporaba elementos neoclásicos y que jubiló la anterior puerta medieval del Paraíso.

En el siglo XIX se aceleró esta considerable marcha atrás en el fenómeno jacobeo. Los conflictos bélicos, la revolución industrial y los cambios religiosos y económico-sociales que se produjeron en gran parte de Europa hicieron que se redujera de forma casi radical el número de viajeros que emprendían la ruta hacia la ciudad compostelana. Los peregrinos llegaban a Santiago con cuentagotas y ya solo procedían de lugares relativamente cercanos. Por si fuera poco, la llamada «desamortización de Mendizábal» de 1836 casi acabó con toda la red asistencial que se había ido tejiendo a lo largo del Camino, pues la mayoría de los monasterios y conventos fueron vendidos en pública subasta para nutrir unas arcas del estado que estaba en bancarrota. Fueron malos tiempos para el fenómeno jacobeo.

VIII

La única buena noticia para el Camino de Santiago que produjo el siglo XIX se denominó el «redescubrimiento» y hacía referencia a los sagrados restos del Apóstol, que seguían escondidos en el altar mayor de la Catedral desde 1589 y que volvieron a aparecer en 1879, casi tres siglos más tarde, durante el arzobispado del cardenal Miguel Payá y Rico (Alicante 1811-1891), a quien se considera el impulsor moderno del Camino de Santiago. Payá era una persona muy emprendedora y muy bien relacionada con el gobierno de la época y con la cúpula de la Iglesia. Gracias a su empeño se iniciaron unas obras de calado en la zona del altar mayor y allí aparecieron los restos del Apóstol.

Está demostrado que el objetivo principal de Payá para iniciar estas obras no fue otra precisamente que la búsqueda de las reliquias de Santiago, quizás motivado por el descubrimiento de las de san Francisco de Asís en 1818. Además, como buen positivista, buscaba dotar de una legitimidad científica a las reliquias cuando llegara el momento de que fueran halladas y posteriormente identificadas. La búsqueda la iniciaron en 1878 los canónigos José Labín Cabello y Antonio López Ferreiro, quienes tardaron un año y medio en encontrar finalmente los restos debajo del pavimento de la capilla situada detrás del sagrario. Para asegurarse de que eran los restos auténticos de Santiago, el cardenal puso en marcha un proceso muy riguroso, en el que se dio entrada a los mejores arqueólogos e historiadores, quienes aportaron numerosos datos, documentos, fechas, hechos probados, conjeturas y citas, hasta elaborar un minucioso informe que fue enviado a Roma. Sabemos que en este informe colaboraron, por ejemplo, tres forenses de la Universidad de Santiago: Antonio Casares, Timoteo Sánchez Freire y Francisco Freire. También intervino de forma decisiva el canónigo de la Catedral, Antonio López Ferreiro, uno de los principales responsables de que se produjera el «redescubrimiento». En el texto se pueden leer las siguientes consideraciones:

No parece temeraria la creencia de que dichos huesos hayan pertenecido a los cuerpos del santo Apóstol y de sus discípulos Atanasio y Teodoro.

Tras la lectura de este documento, Payá decide firmar el decreto arzobispal que da por confirmado el hallazgo. Los forenses que evaluaron el informe dejaron constancia de que al esqueleto de mayor edad le faltaban dos piezas: un fragmento de mandíbula y uno de los huesos largos del antebrazo derecho. Este hecho fue definitivo para que el cardenal Caprara, desplazado desde Roma a Santiago solo para comprobar la veracidad del documento, diera por bueno el hallazgo, ya que ratificaba el desmembramiento de las reliquias que se había realizado en siglos anteriores. En efecto, el pedazo de mandíbula fue enviado en el siglo XII por Diego Gelmírez al obispo de Pistoia (Italia), lugar donde todavía se conservaba. Respecto al radio del brazo derecho fue regalado por el obispo Cresconio al abad belga del Monasterio de Santiago de Lieja.

En el Vaticano, el entonces papa León XIII ordenó nuevos testimonios, pruebas e inquisiciones, hasta que finalmente emitió la bula papal *Deus omnipotens*, con fecha del 1 de noviembre de 1884, en la que se confirmó y ratificó la sentencia dictada por la Comisión especial de la Sagrada Congregación de Ritos, en la que se declaran auténticas tanto las reliquias de Santiago como las de sus discípulos Teodoro y Atanasio. Es decir, que el papa ratificaba, por lo tanto, la aceptación como veraz de la *translatio* que ya había confirmado Pascual II en los albores del siglo XII y animaba a todos los fieles a peregrinar de nuevo hasta el sepulcro compostelano. Este hecho resultó a la postre decisivo para propiciar el resurgimiento en el siglo XX del santuario y de la ruta jacobea a nivel internacional, ya que para los fieles era fundamental tener la seguridad de que podrían venerar las reliquias auténticas del Apóstol cuando finalmente pisaran la Catedral después de un largo y penoso recorrido, que podía durar semanas o incluso meses.

Fue entonces cuando los restos se ubicaron en la cripta de la Catedral, dentro de una urna fabricada en plata y claramente expuestos a los fieles. En efecto, en 1890 el cardenal Martín de Herrera reformó el espacio del sepulcro, construyendo un nuevo arco, donde se expuso la urna con los sagrados restos, imitando una de las miniaturas que estaban impresas en el *Tumbo A*. El año 1897 ya fue el de mayor número de peregrinos de todo el siglo, pero todavía debía pasar mucho tiempo hasta que se volviera a llenar el Camino de fieles en un número similar al que se alcanzó en el siglo XVII. A ello ayudaron también los numerosos y relevantes estudios y guías del Camino que se publicaron a lo largo del XIX, como el curioso relato de peregrinación del francés Pardiac (1860), la recopilación de cánticos de peregrinos *(jacobslieds)* realizada por el alemán Uhland Ludwig en 1850, el trabajo relativo a la Catedral realizado por el clérigo archivero José Zepedano y Carnero en 1870, la ambiciosa guía en tres tomos escrita por el catedrático de la Universidad de Santiago José Mª Fernández Sánchez en 1875, quien también editó una documentada *Guía de Santiago* en 1885, o el estupendo libro de viajes en torno al Camino que escribieron los eruditos Aureliano Fernández-Guerra y Fidel Fita en 1880.

El número de peregrinos siguió creciendo en los albores del siglo XX, pero se vio frenado por el período de guerras que se inició en Europa y España en 1914 y no terminó hasta mediados de los años 40. No obstante, el cardenal Martín de Herrera, sucesor de Payá, promovió un gran número de actos festivos en el año jubilar de 1909, en los que llegó a participar el rey Alfonso XIII, lo que dio un gran espaldarazo a la ruta jacobea. En el siguiente jubileo de 1915 Herrera volvió a dotar a la celebración de nuevos elementos que atrajeron a bastantes caminantes, como el hecho de que se grabaran por primera vez películas de cine dentro del templo. En 1916 las *Irmandades da Fala*, unas asociaciones que peleaban por la promoción de la lengua y la cultura gallegas, consiguieron que el día 25 de julio fuera declarado Día de Galicia, efeméride que se retomó con fuerza en la década de los 80 con la creación de la Comunidad Autónoma de Galicia.

Durante los años de la II República y la consiguiente Guerra Civil española, el Apóstol Santiago no se libró de participar en el marcado frentismo que separó a la sociedad de la época en dos bandos irreconciliables. Los republicanos, profundamente anticlericales, querían prohibir todos los eventos culturales que tuvieran que ver con lo religioso, incluido el fenómeno jacobeo, mientras que el bando nacional instrumentalizó la figura del Santo a su favor, por lo que ya en 1937 el dictador Francisco Franco restauró a Santiago como patrón nacional y volvió a oficializar las dos ofrendas anuales que estaban institucionalizadas en España desde el Renacimiento, ya que la República las había suspendido.

Una vez finalizada la contienda, el franquismo hizo suyo sin ambages el fenómeno jacobeo y desde el primer momento comenzó a darle todo el apoyo económico e institucional que le fue posible, sobre todo a través del arzobispo Muñiz de Pablos. Por ejemplo, en el jubileo de 1943 creó la llamada Junta Nacional del Año Santo y se obligó a la Falange y al SEU (Sindicato de Estudiantes Universitarios) a organizar un buen número de peregrinaciones oficiales. En el Año Santo de 1948 Franco en persona realizó la ofrenda al Apóstol y se publicó una obra de referencia de la ruta jacobea, como es el libro titulado *Las peregrinaciones a Santiago de Compostela*, escrito por los historiadores Luis Vázquez de Parga, José Mª Lacarra y Juan Uría.

En 1954 el cardenal Quiroga Palacios se puso al frente de la organización de ese año jubilar y consiguió una enorme repercusión, no solo en España sino también en el extranjero. Se consiguió, entre otros éxitos, que visitara Compostela el futuro papa Juan XXIII, por entonces arzobispo de Venecia, y se llegó a alcanzar un número total de visitantes a Galicia que superaba ampliamente el medio millón. También fue el año en que se creó el Centro de Estudios Jacobeos, con sede en la ciudad de Santiago, que ha sido una institución española pionera en la recuperación, difusión e impulso de la investigación científica relacionada con el mito compostelano, además de fundar la revista trimestral *Compostelanum*.

El empujón del año 54 se vio confirmado en los dos siguientes jubileos, los de 1965 y 1971. En efecto, en el año 65, con el conservador Manuel Fraga Iribarne al frente del Ministerio de Información y Turismo, visitaron la ciudad más de dos millones y medio de turistas, una gran parte de los cuales eran de nuevo extranjeros. Las inversiones en la ciudad y en el Camino se multiplicaron para poder atender a un número cada vez mayor de peregrinos y visitantes ocasionales. En el 71 se alcanzaron los cuatro millones de visitantes, una quinta parte de ellos llegados allende nuestras fronteras, y en el 76, ya muerto el dictador, el nuevo rey Juan Carlos I realizó por primera vez la ofrenda oficial al Apóstol.

Poco después se consiguió restablecer la ruta jacobea tradicional, gracias al empuje de diversas asociaciones de todo el continente, creadas con el objetivo de recuperar y difundir el mensaje del Camino por todos los países. Ya en los 80 se comenzaron a organizar diferentes congresos, se publicaron numerosos estudios y proyectos y, sobre todo, se recuperaron tramos completos del antiguo camino medieval francés con mejoras viales, nuevas señalizaciones y el establecimiento de una moderna red de albergues para peregrinos a lo largo de todo el trayecto. El empujón definitivo fueron las visitas a Santiago del papa Juan Pablo II, en los años 1982 y 1989. Curiosamente, este fue el primer y único papa en activo de la historia que ha visitado Santiago hasta hoy mismo. Con el primer viaje del pontífice polaco a la sede compostelana se inició la que podríamos denominar «década prodigiosa» para el desarrollo de la ruta jacobea en la Edad moderna. En su peregrinación del 89 logró reunir a medio millón de jóvenes de todo el mundo en el Monte do Gozo al presidir la Jornada Mundial de la Juventud. La repercusión mediática que este evento tuvo en todo el planeta resultó decisiva para lo que iba a ocurrir después. Por otra parte, la UNESCO declaró en 1986 a la ciudad de Santiago como Patrimonio de la Humanidad, decisión que resultó ser otro espaldarazo importante para el despegue definitivo de la ciudad y de la ruta jacobea. La guinda fue la declaración del Camino como primer Itinerario Cultural Europeo en 1987.

Durante esa década se programaron muchísimos eventos culturales y de entretenimiento, tanto de carácter público como de iniciativa privada, lo que multiplicó el número de caminantes, y se pusieron las bases para la gran expansión turística y sociocultural que se produciría en la última década del siglo. También se llamó la atención sobre la necesidad de mejores servicios y mayor seguridad que reclamaban los peregrinos contemporáneos. Así mismo, se puso el foco en la pobre atención que estaban recibiendo los caminantes una vez pisaban suelo compostelano. En respuesta a estas demandas se hicieron numerosas inversiones, se creó una Casa del Peregrino y se distribuyó un único carnet del peregrino que hiciera las funciones de lo que en el siglo XIII había sido un salvoconducto para los caminantes y se aseguró que fuera obligatorio para hacer uso de los albergues oficiales. Esta credencial fue creada en 1987 durante el I Congreso de Asociaciones Jacobeas. Hoy día es la Iglesia quien se encarga de forma directa de su gestión y de repartirla por las distintas parroquias, los albergues, los hospitales y las diferentes asociaciones de peregrinos.

Además, se estableció en cien el número de kilómetros que es necesario recorrer a pie antes de llegar a Santiago para obtener la *Compostela*, y se crearon las celebérrimas flechas amarillas, que siguen señalando la dirección correcta en nuestros días a los miles de peregrinos que cada día inician el recorrido hasta Galicia, y los hitos de granito, que marcan los puntos kilométricos de las rutas jacobeas, que sobrevivieron hasta el año 2016, en el que se sustituyeron por otros hitos que unificaban el diseño de la señalización a lo largo de todo el Camino.

La *Compostela* solo puede concederla la Catedral de Santiago y es el documento que acredita que se ha recorrido la distancia mínima necesaria para poder oficializar que se ha completado el Camino. Ya en la Edad Media existían documentos similares, pero es en el siglo XVI cuando surge la idea de entregar a los peregrinos un documento que les permitiera ser admitidos como tales en el Hospital Real de la ciudad, actual Parador de los Reyes Católicos, o en otros. A principios del siglo XX se recuperó esta iniciativa y se empezó a entregar un volante a los caminantes más necesitados, pero fue en 1965 cuando se volvió a poner en marcha un documento similar al renacentista, como símbolo que el caminante mostraba a su regreso para demostrar que había culminado la peregrinación. En los años setenta se creó una especie de diploma del peregrino que no llegó a cuajar, pero en los ochenta se logró recuperar plenamente el certificado, hasta que en 1993 la *Compostela* volvió a retornar con el esplendor que antaño había disfrutado y se puso en práctica una estricta normativa que fijaba los requisitos para su disfrute. Al llegar a la Oficina del Peregrino compostelana, la Iglesia revisa que los carnets se hayan sellado al menos dos veces cada día en monasterios, templos, albergues y otros establecimientos de diversa índole, y que se hayan recorrido un total de cien kilómetros a pie o doscientos en bicicleta antes de entregar el documento definitivo.

Así mismo en los años ochenta se fijaron los servicios mínimos que debían tener estos albergues o refugios del Camino para ganarse la oficialidad: duchas con agua caliente, camas con colchón, lavadero, cocina, etc. Casi todos contaban con un hospitalero voluntario y eran de uso gratuito, por lo que el mantenimiento corría a cargo de los titulares del establecimiento: ayuntamientos, parroquias o asociaciones de peregrinos. Pese a su gratuidad, sí que se admitían donativos de los caminantes o de otras entidades para poder sostenerlos.

En Europa también se empezó a reconocer durante esos años la importancia que el Camino y la urbe de Santiago habían significado para la historia del continente, sobre todo a raíz del discurso que el «Papa viajero» pronunció en noviembre de 1982 en el santuario santiagués, de lo que es una prueba evidente el acto de entrega de la bandera de honor europea a Compostela por parte del Consejo de Europa en ese mismo año, lo que supuso un paso de gigante en el reconocimiento universal del fenómeno jacobeo. Siguiendo esta línea de internacionalización, en 1985 se presentó en Bélgica la primera gran exposición jacobea internacional, que dio a conocer la historia del Camino a una gran cantidad de fieles europeos contemporáneos. Este evento fue seguido por muchos otros de carácter similar en Italia, Francia, Alemania y otros países. En el 87 se multiplicaron estos encuentros y se proclamó, como hemos visto antes, la ruta jacobea como primer Itinerario Cultural Europeo, y en el 88 se celebró en la ciudad estadounidense de Pittsburgh el primer congreso jacobeo fuera de las fronteras europeas.

En 1992 se creó el Consejo Jacobeo, heredero del patronato franquista del Camino Francés, un organismo que coordinaba a distintas administraciones para promover la ruta jacobea a nivel nacional. Un año después nació el Consorcio de Santiago, órgano ejecutivo del Patronato de la ciudad, con el objetivo de conseguir fondos para una urbe que necesita cada día de mayores inversiones para acoger con éxito el flujo incesante de peregrinos. Ambas entidades siguen en activo hoy en día.

Si hubo un año jubilar que es necesario destacar en el siglo pasado, fue el llamado Xacobeo 93, que se preparó a conciencia y consiguió un tremendo eco nacional e internacional gracias al esfuerzo de las cada vez más numerosas agrupaciones jacobeas, las instituciones públicas y la Iglesia compostelana. La fórmula alcanzó tal éxito que se ha mantenido hasta el último año jacobeo de nuestro siglo, celebrado en los años 2021 y 2022. De especial relevancia fue el papel jugado en la organización de este evento por el Consejo Jacobeo, que, además de coordinar distintas iniciativas del gobierno de España con otras de las distintas comunidades autónomas atravesadas por el Camino, aprovechaba al máximo otras inversiones privadas dirigidas al fomento de la cultura jacobea. La UNESCO, por otra parte, declaró este mismo año el trazado español del Camino Francés como Patrimonio de la Humanidad. Cinco años después se amplió este reconocimiento a los trazados franceses que enlazan con él, en lo que se refiere al patrimonio artístico-cultural que incluye este recorrido. El 93 se cerró con más de siete millones de personas habiendo visitado la comunidad gallega. Ese verano el Camino sufrió una innegable masificación en su último tramo, ya que la Oficina del Peregrino llegó a expedir cerca de cien mil *Compostelas* a lo largo del año, el 95 % de ellas a peregrinos españoles.

El siglo XX en su conjunto fue también el de la explosión definitiva en lo que se refiere a la publicación de guías y otros libros relativos al Camino de Santiago, especialmente en Francia, Reino Unido, Bélgica, Alemania y, por supuesto, España. Habría que destacar la guía del Camino Francés escrita por José Mª Pita Andrade en 1965 o las muchas obras defendiendo la tradición jacobea que escribió el obispo José Guerra Campos desde el año 53 al 75. La Universidad de Santiago y otras instituciones públicas gallegas promovieron distintas investigaciones y estudios, como la primera traducción completa al castellano del *Códice Calixtino* (1951), o unas excavaciones arqueológicas que se realizaron en la década de los cuarenta en el subsuelo de la Catedral. También se empezaron a fabricar postales, que los peregrinos enviaban a sus familiares y amigos a lo largo del recorrido, lo que resultó ser a la postre un poderoso medio de propaganda.

Desde entonces, el crecimiento del fenómeno jacobeo ha sido imparable, y el número de peregrinos no deja de multiplicarse cada año, independientemente de que sean o no años jubilares. El Xacobeo 99, por ejemplo, se cerró con más de 150.000 *Compostelas* expedidas y en 2004 se llegó a la cifra de 180.000, para culminar con las 272.000 entregadas en el año jubilar de 2010, año en que Galicia contó con casi diez millones de visitantes a lo largo de los doce meses. La pandemia de los años 2020-2021 hizo que se anularan todos los actos previstos para el jubileo de ese segundo año, por lo que el papa Francisco decidió prorrogar el Año Santo a 2022, cosa que solo había ocurrido una vez en la historia, con motivo de la Guerra Civil en el año 37.

IX

Poco antes del cambio de milenio, el papa Juan Pablo II, convertido en un peregrino más, llegó hasta el Pórtico de la Gloria para anunciar que Cristo siempre fue y seguirá siendo *el Camino, la Verdad y la Vida*, y para enseñarnos cómo los hombres y las mujeres creyentes debemos aceptar a Cristo como Camino para no desviarnos, asumirlo como Verdad para no caer en el error, y abrirnos a la efusión de la Vida eterna que brota de él para no dejarnos captar por ideologías que no traen más que destrucción y muerte. Luego pronunció unas hermosas palabras en lengua gallega, que reproducimos aquí en su integridad:

Os pido, desde el fondo de mi alma, que no olvidéis lo que es más vuestro, el legado histórico jacobeo y que, dándole gracias a Dios por el pasado, no dejéis de mirar al futuro, de tal forma que, manteniéndoos en la fidelidad a vuestra fe católica, profesada siempre en comunión con el sucesor de Pedro, podáis presentar siempre al mundo, con frescura juvenil, el permanente mensaje evangélico del Apóstol.

Juan Pablo II nos hizo ver que el Camino no es solo un tránsito exterior, sino también un proceso interior que simboliza en sí mismo toda la peregrinación de la vida cristiana, con sus dificultades, que encarnan las persecuciones del mundo, y sus alegrías, que nos recuerdan los consuelos divinos. Seguir a Santiago, como él mismo aprendió a hacer cuando dejó todo para seguir a Jesús sin mirar atrás, afrontando todos los inconvenientes que nos encontremos durante el trayecto, es una prueba irrefutable de que vamos por el camino correcto, por el «buen camino», frase que se ha hecho simbólica en la ruta jacobea, pues es lo que se desean los peregrinos entre ellos cuando se encuentran, se cruzan o se despiden en cualquier momento de cada jornada: «¡Buen Camino!».

Los textos bíblicos nos hablan con meridiana claridad de la peregrinación cristiana entendida como el desplazamiento de un lugar a otro en búsqueda de la bendición del Señor:

> Todavía vendrán pueblos y habitantes de muchas ciudades que irán de una ciudad a otra diciendo a los que allí vivan: «¡Vayamos al Señor para buscar su bendición! ¡Busquemos al Señor de los Ejércitos! ¡Yo también voy a buscarlo!». Y muchos pueblos y naciones poderosas vendrán a Jerusalén en busca del Señor de los Ejércitos y su bendición[1].

El objetivo de los primeros peregrinos fue, ya desde los inicios del Camino, mejorar determinados aspectos de sus vidas a cambio del enorme sacrificio que comportaba completar el recorrido. Siempre fue muy común, por ejemplo, pedir la sanación de diversas enfermedades, aunque lo más habitual ha sido siempre demandar bienes para el alma de los mismos peregrinos o las de sus deudos o familiares, incluso de los ya fallecidos. En este último caso se procura que las almas de los difuntos salgan del purgatorio y alcancen la gloria eterna.

Desde que los primeros fieles comenzaron a desplazarse hacia Compostela hasta

---

[1] Zac 8,20-23.

nuestros días, el Camino de Santiago ha expresado siempre un espíritu profundo de conversión a la fe, un deseo de reencontrarse con Dios, una senda de penitencia, de purificación, de reconciliación y de renovación. Cuando los caminantes llegan exhaustos a la Catedral de Santiago, no solo logran coronar la peregrinación al encontrarse con el Apóstol, sino que también culminan un nuevo encuentro con Dios a través de los sacramentos de la penitencia y de la eucaristía. El Camino debe tener ante todo dos grandes motivos y fuentes de inspiración para los cristianos: la conversión a la fe verdadera y la purificación del corazón.

Todo aquel que inicia el Camino lo hace, pues, con un propósito de búsqueda. Cada peregrino que ha comenzado su marcha, a lo largo de los siglos, ha debido preguntarse antes de dar el primer paso por las causas que le motivaban a hacerlo desde un punto de vista personal, por los objetivos de su búsqueda, y estas preguntas tienen que ver de una u otra manera con las preguntas que la humanidad siempre se ha hecho sobre el sentido de la vida, sobre las metas que se quieren alcanzar a lo largo de la existencia terrenal o sobre las razones que mueven a comportarse a los individuos de una forma determinada. Pero las metas que se fijan en el Camino no tienen que ver con el éxito, la fama, el bienestar material o el dinero, porque estos objetivos no satisfacen esa búsqueda personal por la que se emprende la caminata, no son capaces de llenar el corazón de los hombres. Esta búsqueda tiene que ver más bien con la pregunta que hizo Jesús, según nos relata san Juan en su Evangelio:

> Y mientras Jesús hablaba, los dos discípulos lo oyeron y le siguieron. Al volverse Jesús y ver que lo seguían, les dijo: «¿Qué buscáis?»[2].

Es evidente que estamos hablando de una búsqueda de Dios. Pero, como decía san Juan Pablo II: «La tradición espiritual del cristianismo no solo subraya la importancia de nuestra búsqueda de Dios. Resalta algo todavía más importante: es Dios quien nos busca. Él nos sale al encuentro». Es decir, el Camino hacia Compostela es una forma de responder a nuestras preguntas, de encontrar aquello que buscamos, pero también es una salida hacia el encuentro con Dios, que a su vez nos está buscando a nosotros con su amor infinito.

---

[2] Jn 1,37-38.

Ya vimos cómo Jesús fue a buscar a Santiago y al resto de sus discípulos y, del mismo modo, sale al encuentro de cada uno de los peregrinos que inician el Camino de forma única e individual. Así ha sido desde los primeros siglos hasta el actual, a través del amor de Jesús, que es quien nos guía por la dirección correcta y quien nos da las fuerzas necesarias para emprender la pesada marcha cada día al amanecer. Jesús habla a los peregrinos que hacen el Camino, los ilumina en los momentos en que se comparte con los demás los alimentos y la conversación, y está presente en su interior cuando regresan a su hogar y se presentan ante los suyos como testigos del amor de Dios y de la esperanza en su salvación.

En definitiva, podemos concluir que la búsqueda que se activa en el Camino es una búsqueda de Dios y, por consiguiente, de la verdad. El sentido más profundo de esta peregrinación tiene que ver con esa búsqueda de la verdad a la que se desea llegar para después proclamarla. Algo así le preguntaba Poncio Pilato a Jesús, según narra san Juan en su Evangelio, cuando trataba de explicarle cuál era en verdad su reino:

«Tú dices que soy rey. Yo para esto he nacido y para esto he venido al mundo: para dar testimonio de la verdad; todo el que es de la verdad escucha mi voz». Pilato le preguntó: «¿Qué es "verdad"?»[3].

Pilato, de hecho, estaba incapacitado para comprender el mensaje de Jesús, porque ejercía un poder puramente terrenal y, sin embargo, le acababan de decir que el reino del Salvador *no es de este mundo*. Él era un racionalista escéptico formado en la cultura grecorromana, y por ello incapaz de reconocer la nueva realidad que Jesús le estaba exponiendo, y es que la verdad estaba encarnada en el hombre con el que estaba dialogando. La verdad estaba frente a él, pero no era capaz de verla.

La verdad no se encuentra, por lo tanto, en una satisfacción inmediata y completa de los sentidos. Eso nos puede satisfacer de forma momentánea, pero nos sigue dejando vacíos. Tampoco se halla en la conquista del poder terrenal, en un dominio superficial sobre el resto de las personas. Con ello solo se consigue destruir la dignidad de los demás, pero seguimos estando igualmente deshabi-

[3] Jn 18,37-38.

tados por dentro. Mucho menos la vamos a encontrar en la evasión de la realidad mediante estupefacientes o falsas creencias. Estas experiencias no solo no nos llevan a nuestro objetivo, sino que nos esclavizan y nos conducen a la destrucción como personas, pues contaminan nuestras ideas y nuestras costumbres del mismo modo que lo hacen la mentira y el pecado.

La verdad es, por lo tanto, la Palabra que viene de Dios, Palabra que nos ayuda a combatir las tentaciones del pecado, Cristo como centro de la fe cristiana. El pecado, sin embargo, nos empuja a negar a Dios, a rechazar la «luz verdadera» de la que Juan nos habla en su Evangelio cuando narra la llegada del Bautista:

Surgió un hombre, enviado de parte de Dios, de nombre Juan. Este vino como testimonio para testificar sobre la luz, para que todos creyeran por él. No era la luz, sino que vino para dar testimonio de la luz.

Era la luz verdadera, la que al venir al mundo ilumina a todo hombre. En el mundo estaba, y el mundo surgió por ella, y el mundo no la conoció. Vino a los suyos, y los suyos no la recibieron. Pero a cuantos la recibieron, a los que creen en su nombre, les dio la potestad de llegar a ser hijos de Dios, quienes no nacieron de sangre ni de voluntad carnal ni de voluntad de varón, sino de Dios[4].

Es decir, la luz del mundo es Jesús, el Mesías, y Juan Bautista fue su precursor. Esa luz puede llegar a todos, no solo a los judíos de entonces, quienes además la rechazaron, forzando a la creación de una nueva comunidad de creyentes que iban a terminar constituyendo el nuevo pueblo de Dios. Hay que entender el Camino como la senda que nos conduce a la luz verdadera y ayuda al peregrino a amar la verdad, a vivir en la verdad y luego a llevarla con ellos a sus lugares de origen, tras haber sido testigos de ella.

Cristo busca a los suyos en el Camino, y estos a su vez sienten esa llamada universal que no discrimina por el color de la piel, ni por la edad, el género o la condición social. Él muestra el Camino a todos los que desean seguirlo con el objetivo de aceptar la verdad, el mensaje de salvación que les permitirá vivir el ideal cristiano de forma plena. Los peregrinos de toda condición siempre han tomado sin ningún miedo la decisión de iniciar

---

[4] Jn 1,6-13.

la marcha, pues son conscientes de que van a contar con la luz de Dios para que les ilumine en el trayecto y con las fuerzas que Él les va a proporcionar para llegar hasta el final. Cristo llama a los peregrinos a caminar con él y los convierte en mensajeros de la verdad para dar testimonio en todo el mundo, ante todos los que también están buscando su camino y la verdad, pero no saben cómo hacerlo.

X

Cuando los caminantes arriban por fin a la capital compostelana y hollan con sus pies las baldosas del piso de la Catedral de Santiago de Compostela vislumbran el final de su búsqueda al culminar la consecución de una peregrinación costosa y penosa. Los peregrinos se plantan cansados ante el majestuoso Pórtico de la Gloria y se dejan embargar por una encendida emoción que, como ellos, ya han sentido en el mismo lugar millones de personas a lo largo del tiempo. Posan su mirada en el magnífico retablo de piedra, que evoca una imagen de la verdadera Jerusalén celestial, y luego atraviesan el umbral del templo dedicado a Santiago, veneran su sepulcro y abrazan llorosos su imagen. El abrazo al Santo conlleva un efecto purificador que garantiza una vuelta a casa sintiendo cómo el alma ha sufrido cierta renovación, independientemente de que el Apóstol haya obrado el beneficio que se le haya solicitado: una mejora en la salud propia o de otras personas, o cualquier otra petición de tipo personal o altruista.

Con el tiempo, los caminantes, procedentes de muchos países, fueron conformando una serie de ritos y costumbres que canalizara esa emoción que sentían al penetrar en la majestuosa Plaza. Ya vimos que en la Edad Media entraban en la Catedral por la antigua puerta románica del Paraíso, ubicada en la fachada norte, y así lo siguieron haciendo incluso cuando en el siglo XVIII se sustituyó esta puerta por la de la Azabachería. En sus tiempos había una antigua fuente en la que los viajeros se purificaban antes de cruzar las puertas del templo sagrado. En el Renacimiento se habilitó una nueva entrada a la Catedral, la llamada Puerta Santa, que solo se abre en los años santos y se ubica en la Plaza de la Quintana. Los peregrinos que deciden culminar su viaje jubilar entrando por ella suelen cumplir con la tradición de tocar con sus dedos una pequeña cruz que se halla en uno de los marcos.

Da igual el umbral que traspasen para acceder al templo. En todos los casos, los peregrinos llegan hasta el altar mayor, lo rodean y abrazan por detrás la imagen del

Apóstol. Esta estatua sedente es, sin duda, la más abrazada del mundo cristiano. Hasta el año 2008, si habían entrado por el Pórtico de la Gloria, muchos de ellos realizaban previamente el rito llamado del «Santo de los Croques», que consistía en golpear su cabeza con la de la imagen del Maestro Mateo, autor del Pórtico, para apropiarse de esta manera de una porción de la sabiduría que se le atribuye al famoso escultor. A partir de ese año, la Iglesia prohibió este rito para salvaguardar las esculturas medievales.

Hasta el siglo XIX algunos caminantes internacionales cumplían con la costumbre de visitar a sus compatriotas enterrados en el cementerio del Santo Peregrino, junto al pazo de Raxoi. Esta costumbre se terminó perdiendo, pero no la de pasear, tras el abrazo al Santo, por las calles y plazas más famosas de la ciudad, entre ellas la de Las Platerías y el Paraíso, donde se suelen adquirir recuerdos del viaje o algún objeto artesano elaborado en plata o azabache. Durante siglos, la ciudad de Compostela ha ejercido de cálido y espacioso hogar que abre sus puertas a todos los que participan en este peregrinaje esencial de todo el cristianismo. En Compostela se ha dispensado a lo largo de todos estos muchos años, sin ningún tipo de discriminación, el llamado «pan de la perdonanza y de la gracia» a todos los peregrinos, hasta llegar a convertir la ciudad en un luminoso foco universal de vida cristiana y una impagable reserva de energía apostólica. Los peregrinos, a su vez, forman un ejército formidable de nuevos discípulos de Cristo que aportan un derroche de ilusión y de generosa entrega, a imagen del apóstol Santiago, y como él se vuelcan en la difusión y la propagación de la buena nueva a toda la humanidad.

El *Códice Calixtino* ya recogía en sus páginas la forma en que los numerosos peregrinos fueron llegando desde hacía incontables generaciones al Pórtico de la Gloria y sentían el gozo del encuentro con la luz verdadera:

Allí van innumerables gentes de todas las naciones... No hay lengua ni dialecto cuyas voces no resuenen allí... Las puertas de la basílica nunca se cierran, ni de día ni de noche... Todo el mundo va allí aclamando: «E-ultr-eia (¡Adelante, Ea!). E-sus-eia (¡Arriba, Ea!)».

Los primeros cristianos fueron llamados los «hombres del Camino», pues la Iglesia no puede entenderse de otra manera más que como el pueblo de Dios en camino. Por eso la ruta jacobea ha sido considerada en muchas ocasiones como una representación de la peregrinación de la Iglesia, que marcha de forma constante hasta el reino de los cielos. Es un Camino de penitencia y de oración, pero también de solidaridad y de caridad entre los hombres. En sus albergues, en sus «hospitales» e iglesias, el Camino está empapado de la aventura cristiana que supone una peregrinación que se convierte cada día en vida, en cultura, en historia y en misericordia.

Hoy día, el Camino de Santiago supone un patrimonio único en el mundo, muy singular desde un punto de vista antropológico e histórico, que se comporta además como una peculiar oferta de oportunidades personales, pero también de negocio para muchos emprendedores. Es, por otra parte, una enorme creación cultural de importancia capital a nivel europeo y que se ha prolongado durante siglos en el tiempo. Sus raíces son evidentemente religiosas y devocionales, pero sus ramas abarcan en la actualidad numerosos aspectos sociales, culturales y turísticos.

En los últimos años, la Iglesia ha querido llamar la atención sobre lo que parece una evidente y creciente banalización del Camino.

El hecho religioso se difumina y se va imponiendo la concepción de la ruta jacobea como una atracción turística más en la que entran en juego conceptos como los de la curiosidad, la aventura, el contacto directo con la naturaleza o la superación de alguna crisis personal o incluso profesional. Es decir, el sentido evidentemente cristiano de esta peregrinación se ha ido sustituyendo por la importancia social que sin duda también tiene este fenómeno. La preocupación del arzobispado compostelano por este hecho convive, no obstante, con los beneficios que suponen para la ciudad el notable incremento de personas que realizan el recorrido cada año.

Y es que no podemos obviar el hecho de que los peregrinos actuales que emprenden el Camino de Santiago buscan llegar a un lugar santo, donde vivió y está enterrado uno de los discípulos directos más queridos por Jesús, un espacio sagrado que encierra las reliquias del apóstol Santiago. Calzarse las zapatillas cada mañana e iniciar la marcha supone alejarse, al menos por un tiempo, de la senda del pecado y adentrarse en las penalidades y sacrificios que esa búsqueda conlleva.

No hay que olvidar, para terminar, que una parte de estas personas, en un número difícil de medir, llegan a modificar sus vidas tras el viaje, dándole un mayor espacio a la espiritualidad cuando lo finalizan y regresan a sus hogares, aunque esa no fuera su intención en el momento en que iniciaban sus primeros pasos hacia Compostela, ya que portan en su interior el hálito de Santiago el Mayor, el patrono de España y el primero de los apóstoles que sufrió martirio por defender su fe.

Leyendas y curiosidades en torno a Santiago

Leyenda del Pedrón

El Pedrón es un ara votiva de piedra de época romana que se conserva en el presbiterio de la iglesia de Santiago de la villa de Padrón, urbe que tomó su nombre de este objeto. Está dedicada al dios romano Neptuno, pero en la Edad Media fue reinterpretada como uno de los más conocidos símbolos jacobeos. Esta leyenda dice que fue la piedra a la que se amarró el navío que llegó a Galicia con el cadáver de Santiago. También hay quien dice que fue la silla desde la que el Apóstol predicaba sentado. En todo caso, siempre se ha venerado mucho, lo que prueba el desgaste que presenta en su parte central a base de ser abrazado por muchos miles de peregrinos desde la época medieval.

En la misma iglesia de Santiago de Padrón se conserva, por otra parte, un relicario que contiene un pequeño fragmento de un hueso de Santiago. Esta reliquia llegó desde Compostela al pueblo a finales del siglo XIX, seguramente como un obsequio de la Catedral cuando se creó su parroquia en 1877.

Leyenda de A Barca

También en Padrón hay un lugar, conocido con este topónimo, donde se dice que está oculta la «barca de piedra» que trajo a Santiago a España o, más bien, y según las versiones más creíbles, la roca donde se depositó su cuerpo nada más atracar el navío en tierras gallegas. Cuenta la leyenda que, de forma milagrosa, la piedra se reblandeció en ese momento para acomodar en su seno el cuerpo del Apóstol. Desde entonces comenzó a ser tan venerada que muchos de los peregrinos se llevaban de recuerdo pequeños fragmentos, por lo que a mediados del siglo XV las autoridades eclesiásticas decidieron arrojarla al río Sar para preservarla, en cuyo fondo del cauce se pudo seguir viendo al menos hasta principios del siglo XVIII, pues el fraile carmelita italiano Giacomo Antonio Naia la describe en su diario: «El fondo de la barca es de granito blanco y se encuentra muy por debajo de las aguas, y cuando hay marea alta no se puede ver». A partir de entonces no se ha vuelto a ver, por lo que se cree que permanece enterrada en el cauce del río. Desde el año 2018 hay una iniciativa privada, encabezada por la asociación de Padrón Villa Petroni, que hace esporádicas prospecciones en búsqueda de esta valiosísima pieza, hasta ahora sin resultado.

Leyenda del Caballero de las Conchas

Esta leyenda nos habla de un caballero que cayó al mar por accidente mientras iba montado en su jamelgo. Su muerte parecía segura, pero, sin embargo, caballo y jinete salieron poco después del agua completamente cubiertos de conchas de vieira, lo que demuestra que fue el apóstol Santiago quien intercedió para salvarlos de la muerte. Este milagro se narra en varios puntos de la costa atlántica, entre ellos la localidad portuguesa de Bouças, cerca de Oporto, y en la de un barrio marinero de Vigo del mismo nombre.

El Voto de Santiago

En la Edad Media Santiago resucitó de cierta manera en España, tomando la forma de un caballero cristiano que luchaba para liberar a la Península de los infieles musulmanes que entonces la poblaban de forma mayoritaria. Según esta tradición, Santiago se volvió a aparecer en España en el siglo IX, concretamente en la batalla de Clavijo (en tierras de La Rioja), montado en su caballo blanco y siendo decisivo en la victoria frente a los musulmanes. Esta aparición motivó al rey Ramiro I a instaurar en el año 834 el llamado Voto de Santiago, un tributo que se pagaba a la Iglesia compostelana para devolverles el favor que les hizo el Santo durante la Reconquista y que estuvo vigente hasta el siglo XIX. Este impuesto supuso que la Iglesia de Compostela recaudara enormes riquezas durante siglos, pero también hizo que perdiera buena parte de su prestigio, por lo incómodo que resultaba a los distintos territorios tener que abonarle grandes cantidades de dinero de forma continuada en el tiempo.

La ofrenda nacional al Apóstol

Desde el siglo XVII, la nación española realiza una donación de forma oficial a la Iglesia compostelana con el objetivo de seguir manteniendo el culto al apóstol Santiago y contribuir al crecimiento de la peregrinación jacobea. Esta ofrenda fue establecida por el monarca Felipe IV en 1643 y se entrega cada 25 de julio en una ceremonia solemne oficiada dentro de la Catedral. Se sigue manteniendo hoy en día, aunque pasó por bastantes vicisitudes en los siglos XIX y XX, hasta que Franco decidió restaurarla por decreto como una obligada ofrenda institucional en 1937. Este decreto establece de forma oficial, por otra parte, el día 25 de julio como fiesta nacional en toda España. Hay una segunda ofrenda nacional al Apóstol, fijada también en el XVII, que se entrega los días 30 de diciembre, fecha en la que se conmemora la fiesta de la *translatio*, el viaje milagroso que los restos del Apóstol efectuaron desde Palestina hasta tierras gallegas tras su fallecimiento.

El Botafumeiro

La Catedral de Santiago encierra en su interior el incensario más grande del mundo, conocido como «Botafumeiro» (algo así como «objeto humeante» en castellano). Es costumbre dejarlo volar atado a una larguísima cadena desde la Puerta de las Platerías de la Catedral hasta la Puerta de la Azabachería. Cuando se produce esta ceremonia, todos los asistentes quedan mudos de asombro y emoción, cosa que ocurre en la actualidad entre veinte y treinta ocasiones al año. Hay constancia documental de su existencia desde 1322, pues aparece nombrado en el *Códice Calixtino*, pero se desconocen su origen y el motivo de su utilización. Hay quien cree que su función era purificar los restos del Apóstol, pero también hay quien le adjudica un motivo más mundano, como era el de aliviar el mal olor que la acumulación de peregrinos durmiendo dentro del templo producía por las noches, al menos hasta primeros años del siglo XVI, momento en el que se prohibió pernoctar en su interior.

Santiago, patrono de España

Santiago es el patrono de España, país al que siempre ha brindado su favor y su protección en los momentos más comprometidos de su larga historia. Lógicamente, también es el patrono de todos los peregrinos. Así dice la oración de la Misa votiva por todos los peregrinos:

Asiste, Señor, a nuestras súplicas y dispón que el camino que van a hacer tus siervos sea amparado por la prosperidad de tu salud para que, en medio de todas las vicisitudes de nuestro camino y de nuestra vida, seamos siempre protegidos por tu auxilio.

Oración de despedida

No puede haber un mejor epílogo para esta modesta semblanza de Santiago el Mayor y del prodigioso Camino de peregrinación que nos legó que la oración que pronunció san Juan Pablo II ante su tumba el 29 de agosto de 1989, como colofón del viaje pastoral que realizó a Asturias y Galicia con motivo de la IV Jornada Mundial de la Juventud. Y que dice así:

¡Señor Santiago!

Heme aquí, de nuevo, junto a tu sepulcro
al que me acerco hoy,
peregrino de todos los caminos del mundo,
para honrar tu memoria
e implorar tu protección.

Vengo de la Roma luminosa y perenne,
hasta ti que te hiciste romero

tras las huellas de Cristo
y trajiste su nombre y su voz
hasta este confín del universo.

Vengo de la cercanía de Pedro,
y, como Sucesor suyo, te traigo,
a ti que eres con él columna de la Iglesia,
el abrazo fraterno que viene de los siglos
y el canto que resuena firme y apostólico
en la catolicidad.

Viene conmigo, Señor Santiago,
una inmensa riada juvenil
nacida en las fuentes
de todos los países de la tierra.
Aquí la tienes, unida y remansada
ahora en tu presencia,
ansiosa de refrescar su fe
en el ejemplo vibrante de tu vida.

Venimos hasta estos benditos umbrales
en animosa peregrinación.
Venimos inmersos en este copioso tropel
que desde la entraña de los siglos
ha venido trayendo a las gentes
hasta esta Compostela
donde tú eres peregrino y hospedero,
apóstol y patrón.

Y venimos hoy a tu vera
porque vamos juntos de camino.
Caminamos hacia el final de un milenio
que queremos sellar con el sello de Cristo.
Caminamos, más allá,
hacia el arranque de un milenio nuevo
que queremos abrir en el nombre de Dios.

Señor Santiago,
necesitamos para nuestra peregrinación
de tu ardor y de tu intrepidez.
Por eso, venimos a pedírtelos
hasta este *finisterrae*
de tus andanzas apostólicas.

Enséñanos, apóstol y amigo del Señor,
el CAMINO que conduce hacia Él.
Ábrenos, predicador de las Españas,
a la VERDAD que aprendiste
de los labios del Maestro.
Danos, testigo del Evangelio,
la fuerza de amar siempre la VIDA.

Ponte tú, patrón de los peregrinos,
al frente de nuestra peregrinación
cristiana y juvenil.
Y que, así como los pueblos
caminaron antaño hasta ti,

peregrines tú con nosotros
al encuentro de todos los pueblos.

Contigo, Santiago apóstol y peregrino,
queremos enseñar a las gentes
de Europa y del mundo
que Cristo es –hoy y siempre–
el CAMINO, la VERDAD y la VIDA.

Índice